나는 아직,

어른이 되려면

멀었다

나는 아직, 어른이 되려면 멀었다

지은이_ 강세형

1판 1쇄 발행_ 2010. 7. 15.
1판 135쇄 발행_ 2024. 8. 1.

발행처_ 김영사
발행인_ 박강휘

등록번호_ 제406-2003-036호
등록일자_ 1979. 5. 17.

경기도 파주시 문발로 197(문발동) 우편번호 10881
마케팅부 031)955-3100, 편집부 031)955-3200, 팩시밀리 031)955-3111

저작권자 ⓒ 강세형, 2010
이 책의 저작권은 저자에게 있습니다. 저자와 출판사의 허락 없이
내용의 일부를 인용하거나 발췌하는 것을 금합니다.

값은 뒤표지에 있습니다.
ISBN 978-89-349-4006-7 03810

홈페이지_ www.gimmyoung.com   블로그_ blog.naver.com/gybook
인스타그램_ instagram.com/gimmyoung   이메일_ bestbook@gimmyoung.com

좋은 독자가 좋은 책을 만듭니다.
김영사는 독자 여러분의 의견에 항상 귀 기울이고 있습니다.

나는 아직, 어른이 되려면 멀었다

강세형

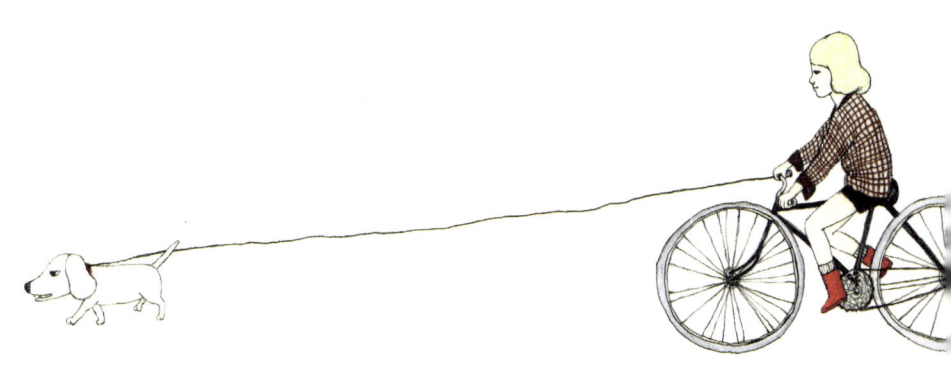

김영사

내 이야기이면서도
내 이야기가 아닌 이야기

무엇이든 보고 듣는 걸 좋아했다.
책, 영화, 그림, 드라마, 만화, 음악… 그러는 시간이 제일 즐거웠다.
이미 세상에는 이렇게나 좋은 것들이 많으니 아무리 부지런히 보고 들어도
죽을 때까지 다 만나지 못할 것 같아 불안하기까지 했다.
하지만 돈은 벌어야 했고 그러다 아르바이트로 시작한 방송작가.

이 일을 이렇게 오래 할 줄 몰랐다. 내가 '작가'라 불리게 될 줄도 몰랐다.
아직도 사람들이 날 '작가'라 부르는 것이 편하지 않다.
그럼에도 내가 이 일을 계속하고 있다는 것은
분명 이 일이 내게 '어떤' 즐거움을 주고 있기 때문일 거다.

라디오 에세이는 소설과 에세이, 그 사이 어딘가쯤에 놓인 글 같다.
내가 쓰고 있지만, 나를 드러내진 않는다.
마치 이 글을 읽고 있는 DJ의 이야기인 듯 나는 그 뒤로 숨는다.
그래서 재밌다. 내 이야기이면서도 내 이야기가 아닌 이야기.
방송 후 청취자들의 반응 또한 재밌다.
내 마음을 정확히 짚어내는 반응부터 내가 전혀 짐작도 못 했던 반응까지.
그래서 나는 또 숨을 수 있다. 내 이야기이면서도 내 이야기가 아닌 척.

방송을 위해 쓰인 글을 책으로 엮어내는 것이 조금 부담스럽기도 했다.
하지만 또 이 글들이 누군가에 닿아
'내 이야기이면서도 내 이야기가 아닌' 어떤 다른 의미들로 변해갈지
이제 조금 궁금하기도 하고 두렵기도 하고 기대되기도 한다.

그동안의 원고들 가운데 테이의 뮤직아일랜드, 이적의 텐텐클럽,
스윗소로우의 텐텐클럽에서 쓴 원고들을 모아 봤다.

그래서 책 안 소제목들은 각 에피소드들과 꼭 일치하진 않으나
당시 코너의 제목들 〈청춘, 그 길에 서서〉, 〈기억, 한 컷〉, 〈어떤 하루〉로 정했다.

이른 아침, 잠에서 깬 아저씨는 생각했다.
"이제 내 청춘도 끝나는구나."
그날은 아저씨의 마흔아홉 번째 생일이었다.

어떤 드라마 속 한 장면.

나는 고등학교를 졸업하면서도 내 청춘도 끝나는구나 생각했고,
대학을 졸업하면서도, 긴 연애에 마침표를 찍으면서도,
스물아홉에서 서른으로 넘어가는 해에도,
그리고 최근까지도 시시때때로 생각했다.
이제 내 청춘도 끝나는구나.
그래서 드라마 속 아저씨의 대사가 마음에 남았다.
어쩌면 우리는 모두 언제나 청춘을 살고 있는지도 모른다는,
다만 열아홉에도 스물아홉에도 서른아홉에도 마흔아홉에도
이제 내 청춘도 끝나는구나 생각하며
나의 청춘을 흘려보내고 있는지도 모른다는 생각이 들었다.

그래서 만약 내가 계속 무언가를 쓰면서 살게 된다면,
죽을 때까지 '젊은 글'만 쓰고 싶다는 생각을 했다.
언제까지 그럴 수 있을진 모르지만, 언제까지 이 일을 하게 될진 모르지만.
그리고 그런 생각을 하는 나는 아직, 어른이 되려면 멀었나 보다 싶었다.

우리 엄마.
아직도 사는 데 어리바리한 나에게
늘 엄마처럼 잔소리를 늘어놔 주는 내 엄마 같은 지인들.
우리 가족.
이제는 가족이나 마찬가지인 함께 일해 온 스탭들과 DJ들.
고맙습니다.

2010년 7월 강세형

first
;

청춘,
그 길에 서서

싫증이 쉬운 아이
나는 지금 열일곱의 세상밖에 볼 수 없으니까
작가의 말
오징어
딱딱해져버린 마음
잘도 흘러만 가는 시간
아무리 천천히 가도
나를 피해자로 기억하는 성향
쉼표
용량 제한
자동판매기
자유로운 걸까, 외로운 걸까
시간은 조금씩 가르쳐 준다
NG!
빗소리
내 청춘을 바쳐
깨고 싶지 않은 꿈
외로움을, 라면으로 잊다
적당한 타이밍
카세트테이프
미래를 공상하든 과거를 회상하든
산다는 건 끊임없이 쌓이는 먼지를 닦아내는 일
관계
그저, 그뿐이었던 것 같다
요즘 힘드시죠?
너무 착한 사람
그럴 수 없었던 나
가장 모모하는?
고속버스
굴곡이 심한 거울
결국 이렇게 되고 마는 건가
엄마 마음
노 잼, 노 스트레스
넌 왜 슬픈 얘기를 웃으면서 해?
잘 알지도 못하면서
어쨌든 공짜니까 일단 킵!
관심
가진 자의 여유
시작은 시작일 뿐
세계여행
금일휴업
눈이 좀 천천히 녹았으면 좋겠다
자꾸만 미루게 되는 이유
포커페이스
뜻하지 않은 길을 가다 뜻하지 않은 즐거움을 만나다

second

;

어떤

하루

키쿠야
나는 지금 이대로가 좋다고!
방심
복수
습관처럼 봄을 타던 녀석
동전 던지기
실망하면 어떡하지
나쁘지 않아
인연
후회
칫솔질
웬만해선 화가 나지 않는다
나의 무용담
양말 한 짝
내 인생엔 어떻게 공짜가 없어, 공짜가!
선물받은 책
스무 살, 딱 그 나이에만
비닐봉지 두 개
도대체 나중에 얼마나 행복해지려고
내가 끊어야 할 두 가지
이제 들킬 일만 남은 거잖아
난 분명 널 본 걸까

우리가 이렇게 오래 알아 왔는데
어느 정도의 빈틈
화분
친근함에 대한 규율책
고등어찌개
바람돌이 선물
아이스크림
등호 관계
교통사고
힘든 사람, 슬픈 사람, 외로운 사람
위시리스트
제품에 식어버릴
심야 영화
긴 밤
그렇지 않아
두 번째
신(scene)과 신 사이
우리를 어른스럽지 못하게 만드는 순간
눈 오는 소리
나 오늘 힘들어 자리
레퍼토리
안식처

third
;

기억,

한 컷

청춘 열차
1. 2. 3. 4. 5. 6. 7.
서로의 불행을 털어놓으며 정을 쌓아 가는 동물
하얀 모니터 위로 깜빡이는 커서
운동화 두 켤레
떡볶이
따뜻한 A4 용지
많이 변했네
흘리듯 놓쳐버린 많은 것들
시간이 흐른다는 건 인정하게 되는 것
나는 걱정하지 않는 법을 몰라요
2006년 10월 13일 저녁 9시 47분
쓰레빠
자격지심
바람이 불고 있는 거라면 참 좋겠다
악역
자기 검열
포장마차
고해
좋아, 근데 좀 힘들어
퍽도 유감이다
17년 전 남자친구
꿈꿀 수 있는 자유
따뜻한 아메리카노
귀향길, 귀경길
모르는 척
아빠 싫어, 아빠 미워
그런 날이 있다
빨간 멈춤 신호
네가 사는 거지?
언젠가는 터졌을 울음
흔해빠진 사랑, 흔해빠진 이별
새하얀 세계지도
약점
그러니까 꿈이다
타로 카드 점
진심의 홍수
더 이상 새로운 이야기가 없다
뻥이요!
좋아하는 냄새
다르다, 틀리다
눈 덮인 도시
외롭지 않아야 하는 하루였다
쿠키 굽는 여자
두루마리 휴지

왜 꼭 그렇게 될까?

받은 사랑보단
받은 상처를 더 오래 간직하고

내가 이미 가진 무언가보단
내가 아직 가지지 못한 무언가를
더 중요하다,
혹은 더 갖고 싶다,
한없이 내가 아닌 타인만을 부러워하는
우리.

우린 도대체,
왜 그런 걸까?

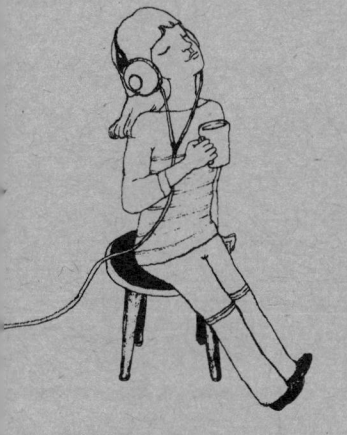

우린 도대체, 왜 그런 걸까?

'난 왜 이렇게 뭐든지 어중간한 걸까?'

싫증이 쉬운
아이

싫증이 쉬운 아이.
나는 그런 아이였던 것 같다.

이것저것 하고 싶은 것은 많아서 여기도 기웃 저기도 기웃.
피아노, 기타, 태권도, 미술, 영어, 일어.
이것저것 많이 시작은 해 봤던 것 같은데
처음엔 뭐든 무척 열심히 파고들었던 것도 같은데
금세 시들시들 싫증을 느끼곤 손을 놔버리곤 했던 나.

싫증의 원인에는 여러 가지가 있었지만
그중 하나는 이거였던 것 같다.

'왜 이렇게 안 늘지?'
어느 순간 찾아오는 슬럼프.
'저 사람은 나보다 늦게 시작했는데도 나보다 잘하잖아?'
괜한 자격지심.
'에이, 나는 재능이 없나 보다.'
그리고 쉬운 포기.

계단식 성장.
슬럼프가 찾아왔을 때
그걸 잘 이겨내야만 더 큰 도약으로 이어질 수 있다는 것.
머리로는 알면서도 포기가 빨랐던 아이.
그만큼 싫증도 쉬웠던 아이.
그래서 결국은

'난 왜 이렇게 뭐든지 어중간한 걸까?'
투덜거리기만 하는 아이.

어떤 드라마였던 것 같은데
주인공 소녀는 대단한 재능을 가진 한 선배를 짝사랑하게 된다.
나와는 너무 다른 사람.
나와는 전혀 어울리지 않을 것 같은 사람.
하지만 선배를 만난 이후 소녀의 꿈은 달라진다.

"죽을 만큼 노력해서라도
선배에게 어울리는 사람이 되고 싶어요."

그만큼이나 그 사람을 좋아했던 거다.
그만큼이나 그 사람과 함께하고 싶었던 거다.

그 소녀를 보면서
나는 이런 생각을 했던 것 같다.

내가 싫증이 쉽고 포기가 쉬웠던 이유는
그만큼 간절하지 않았기 때문 아닐까.

나는 어쩌면 지금까지 단 한 번도
죽을 만큼 노력해서라도 갖고야 말겠다는 간절함을
품어 본 적도 표현해 본 적도 없는 거 아닐까.

어쩌면 나는
처음부터 어중간한 아이는 아니었을지 모른다.
그저 내가 나를
어중간하게 만들어버린 걸지도.

나는 지금
열일곱의 세상밖에 볼 수 없으니까

"세상은 참 살기 힘든 거죠?"
열일곱 소녀가 어른에게 물었다.

"열일곱 나이로 그런 말 말아라."
어른이 대답했다.

"열일곱도 세상은 살기 힘들어요."
소녀가 말했다.
그리고 이어지는 독백.
'나는 지금 열일곱의 세상밖엔 볼 수 없으니까.'

내가 참 좋아하는 만화의 한 장면이다.

이 만화를 처음 읽은 건
아마도 내 나이 열일곱 그 즈음이었던 것 같다.
그래서 참 좋았다.
'나는 지금 열일곱의 세상밖엔 볼 수 없으니까.'
그 말이 왠지 멋져 보였다.

조금 더 세월이 흘러 이 만화를 다시 봤을 때
나는 또 한 번 그 말에 반해버렸다.

남들 보기엔 별거 아닌 고민일지라도
내가 볼 수 있는 세상은 어쨌든 내 눈에 보이는 내 세상뿐.

그러니 내 세상에선 내가 가장 힘들다는 것을,
그것이 당연하다는 것을,
그 만화가 이해해 주는 것만 같았다.
위로해 주는 것만 같았다.
별거 아닌 일에도 많이 고민하고 많이 아파하고 많이 힘들어하던
이십 대, 조금은 치기 어렸던 그 시절에.

그리고 얼마 전 다시 보게 된 그 만화.
나는 그 말에 또 한 번 위로받았다.

무심코 돌아보니 어느덧 삼십 대.
갑자기 내가 너무 늙어버린 느낌.
이제는 더 이상 어리다고 말할 수 없는 내 나이가
짐처럼 느껴지는 기분.

그때였다.
'나는 지금 열일곱의, 아니 서른의 세상밖엔 볼 수 없으니까.'
그 말이 나를 다독여 주는 것만 같았다.

너의 세상에선
너의 시선으로밖에 볼 수 없는 거라고.
그러니 서른,
너의 시선으로 많은 나이라면 많은 것이고
어린 나이라면 어린 것이라고.
그러니 다시 한 번 네 멋대로 살아 보라고.

어차피 너는 너일 뿐이니까.
그것이 열일곱의 너이든, 이십 대의 너이든, 서른의 너이든.

작가의 말

작가의 말.
어떤 책에나 부록처럼 실려 있는 작가의 말.

난 '작가의 말'을 꼼꼼히 챙겨 보는 스타일인데
물론 보지 않았으면 좋았을 걸 싶을 때도 있다.
원작의 감흥을 떨어뜨리는 경우도 분명 있으니까.

하지만 반대의 경우도 있다.
처음 그 소설을 읽었을 땐 그저 그랬다.
나쁘진 않았지만 그렇다고 내 맘에 쏙 들지도 않는,
재미있긴 했지만 그렇다고 두 번 볼 마음은 안 드는, 그런.

그러다 '작가의 말'을 보게 됐는데
그는 자신에게
예술적 재능 같은 건 눈곱만큼도 없다 생각했노라 고백했다.

대학 입학 원서를 쓸 때 문학을 전공하고 싶었지만
나에겐 어울리지 않은 일이라 확신했기에 다른 전공을 선택했고
대학 시절 내내 일부러 책을 읽지 않는 학생이었노라 고백했다.

그랬던 그가 소설가가 됐다.
세 번째 책의 작가 후기를 쓰고 있는 소설가.

그는 더 이상
자신에게 재능이 있는가 없는가를 고민하지 않는다 했다.

그는 더 이상
앞으로도 소설을 쓸 것인가 말 것인가를 고민하지 않겠다 했다.

그리고 말했다.
그가 계속해서 소설을 쓰는 이유는
재능이 없는 자도 기쁨을 얻을 수 있다는 것을
스스로 증명해 보고 싶어서라고.

조금 부럽단 생각이 들었다.

내가 과연 그 일을 할 수 있을까.
나는 계속 그 꿈을 지켜 갈 수 있을까.
나에겐 처음부터, 재능 따윈 없었던 거 아닐까.
그런 생각들로
아무것도 하지 않은 채 흘려보낸 많은 시간들.

어쩌면
자신의 꿈을 지켜 가고 있는 사람들 가운데 상당수는
타고난 재능 때문이 아닐지도 모른다.

재능이 없는 자도 기쁨을 얻을 수 있다는 것을
스스로 증명해 보고 싶었던 사람들, 그리고 끝내 증명해낸 사람들.

나는 과연,
그런 사람 중 하나가 될 수 있을까.

어쩌면 그것 또한 하나의 재능일지 모른다.
내가 원하는 것을, 쉽게 포기하지 않는 재능.

오징어

사진을 가득 채우고 있는 것은 오징어다.
줄을 맞춰 빨래처럼 널려 있는 오징어.

이제 막 씻어서 널어놓은 건지
아직 물기가 남아 있어
오징어들은 햇빛을 받아 반짝반짝.

갑자기 바다가 보고 싶다며
혼자 강원도로 여행을 떠난 친구.
며칠 뒤 친구의 미니홈피가 업데이트됐다는 소식에
돌아왔나 싶어,
여행 사진이 올라왔나 싶어 냉큼 가 봤다.

그런데 그곳엔
멋진 바다 사진도, 친구의 얼굴 사진도 하나 없고
오징어 사진만이 달랑 한 장 올라와 있었다.
사진 제목은,

'맛있어질 테다!'

그리고 사진 아래엔 이런 글이 적혀 있었다.

'막 펴서 널어놓은 오징어들 반짝반짝하더라.
하지만 아직
자신의 진한 체취는 갖추지 못한 상태.'

이 글을 읽는데 갑자기
건오징어 특유의 맛있는 냄새가 떠올라버렸다.
특히 불 위에 올리고 구울 때면
먹으려고 굽고 있으면서도 빨리 먹고 싶다, 안달이 날 정도로
특유의 진한 체취를 발하는 건오징어.

그러고 보니
마르기 전의 오징어는 그렇게 냄새가 강하지 않다.
바닷바람과 햇빛을 적당히 잘 받아 바짝 말라야만
자신의 진한 체취를 갖게 되는 오징어.

혼자만의 여행에서 돌아온 친구는
제일 먼저 이 오징어 사진을 업데이트하며 그런 생각을 했던 걸까.

지금 자신 또한
자신만의 진한 체취를 갖기 위해
바닷바람과 햇빛의 공격을 견뎌내고 있다는,
아니 견뎌내야만 한다는, 그런 생각을.

딱딱해져버린
마음

잠이 오지 않아 TV 리모컨만 괴롭히다 그 영화를 다시 만났다.
꽤 오래전에 본 영화고 무척 재미있게 봤던 영화라 또 보고 싶어졌다.

근데 영화를 보는 내내 이런 생각이 들었다.
'왜 나는 이 영화를 재밌었다 기억하고 있었지?'
주인공 남녀의 유치찬란한 사랑놀이가 전혀 공감이 안 돼서.

결국 TV를 꺼버리고 다시 잠을 청하려 누웠는데
머릿속에서 그 생각이 떠나질 않았다.
'왜 나는 이 영화를 재밌었다 기억하고 있었지?'

그러다 문득 떠오른 한 사람.
혹시 그래서였나.
그 사람과 같이 봤던 영화라?
나 또한 영화 속 주인공들처럼 절찬리 연애 중이었기 때문에?
상대의 사소한 말 한마디에
가슴 떨려 하고 가슴 아파하고 그랬던 나였기에
그 영화가 재미있었던 걸까.

그러고 보니 요즘의 나는
사랑 이야기들에 좀처럼 공감하지 못하고 있었다.

'이 노래, 가사 참 좋네!'
예전엔 귀에 들어오는 노랫말도 참 많았는데 요즘엔 그렇지 않고.
예전엔 가슴 떨려 하며 혹은 가슴 아파하며 보는

드라마나 영화도 참 많았는데 요즘엔 다 시큰둥.
그저 좋은 노래가, 좋은 드라마가, 좋은 영화가 요즘엔 별로 없다.
그렇게만 생각했는데 혹시 그런 게 아니었던 걸까.

갑자기 어떤 영화 속 한 장면이 떠오른다.
"마음이 아파요. 근데 계속 아프고 싶어요."
사랑에 빠져 가슴 아파하던 주인공의 대사.
그러고 보니 이런 시도 있다.
'내 고통의 달콤함을 이 세상 무엇과도 바꾸지 않으리라.'

갑자기 내 마음이
너무 딱딱해져버린 건 아닌가 싶어 좀 슬퍼진다.

"심장이, 딱딱해져버렸으면 좋겠어요."
어떤 드라마 속 여주인공이 울먹이며 했던 대사.
그녀의 일그러지는 표정을 보며 나도 따라 울컥했던 기억.
나 또한 심장이 딱딱해져버리길 바랐던 기억.

하지만 그녀는 사랑을 포기하지 않았다.
아니, 포기하지 못했다.
사랑은 그런 거니까.
너무 좋아서 계속하고 싶기도 하고
너무 아프지만 놓치고 싶지 않기도 한,
아파도 아파도 또 하고 싶은 그런 것.

그래서 나는 조금 슬퍼지고 말았다.
너무 딱딱해져버린 내 마음.
사랑도 그리움도 아픔도
품어 본 지 너무 오래됐구나 싶어서.
넘쳐나는 세상의 사랑 이야기가
어느새 모두 남의 이야기가 되어버린 듯싶어서.

나는 얼마나 많은 것들을 잊어버리려 애쓰며 살아가고 있는 걸까

———

다 잊었다고 생각하지만 아니 정말 다 잊었지만
한번 겪었던 아픔은 내 마음, 내 머리 어느 구석에
사라지지 않고 자리하고 있는 걸까?
그래서 무언가가 그 구석 언저리를 건드리는 순간
무조건반사처럼 눈물이 흐를 수 있는 걸까?

다 잊었다, 다 지웠다 생각했던
어떤 기억이, 어떤 눈물이, 혹은 어떤 즐거움이
내 안에는 도대체 얼마나 많이 쌓여 있을까?
나는 얼마나 많은 것들을
잊어버린 채 혹은 잊어버리려 애쓰며 살아가고 있는 걸까?

―

잘도 흘러만 가는 시간

중고 냉장고, 중고 컴퓨터, 중고 세탁기.
온갖 중고 가전제품을 사겠다는 안내방송이 끝도 없이 반복된다.

오랜만에 맘껏 늦잠을 자고 일어난 늦은 아침.
답답한 방 안 공기에
아주 조금 열어 두고 잔 창문 틈새로 새어 들어오는 소음.

중고 가전제품을 산다는 트럭이 지나가고 나자
김장철 배추를 싸게 판다는 트럭이 등장했다.
잠시 후엔 수다스러운 동네 아줌마들이 배춧값 흥정하는 소리.
잠시 후엔 동네 아이들이 우르르 지나가는 소리.

끊이지 않는 소음들에 이미 깨어버린 지 오래지만
좀처럼 이불 밖으로 나오기 힘들다.

조금 열어 두고 잔 창문 틈새로
바람이 새어 들어오는 소리가 들려온다.
제법 겨울 티가 나는 바람을 피해 더 깊이 이불 속으로 파고드는 나.

얼마나 그렇게 누워 있었던 걸까.
몸을 잔뜩 웅크린 채 아무것도 하지 않고
창문 틈새로 들려오는 소음들에만 귀를 기울인 채 아무 생각도 하지 않고
나는 그렇게 얼마나 누워 있었던 걸까.

이불 밖으로 손만 살짝 꺼내 더듬더듬 휴대폰을 찾는다.

부재중 통화는, 없다.

다시 이불 깊숙이 숨어든다.

여전히 창문 틈새로 들려오는 소음들.
여전히 세상은 아무 일 없다는 듯
잘 흘러가고 있는 거다.

여전히 창문 틈새로 새어 들어오는 찬바람.
여전히 시간은 째깍째깍 한 치의 게으름도 없이
겨울을 향해 흐르고 있는 거다.

여전히, 여전히.
내가 아무것도 하지 않아도
내가 아무 생각 또한 하지 않아도
잘도 흘러만 가는 세상, 잘도 흘러만 가는 시간.

아무것도 달라진 것은 없다.
더 이상 '나를 찾는 너'는 없다 해도
잘도 흘러만 가는 세상, 잘도 흘러만 가는 시간.

아무리
천천히 가도

'소리 내어 책을 읽는 즐거움.'

어떤 책에 이런 이야기가 나온다.

그 책을 보다 문득
소리 내어 책을 읽고 싶어졌다.
그러고 보니 고등학교를 졸업한 이후
소리 내어 책을 읽어 본 적이 거의 없는 것 같았다.

꽤 색다른 경험이었다.

처음엔 물론 좀 답답했다.
아무래도 속도가 떨어질 수밖에 없으니까.

눈으로만 읽다 보면 다음 내용이 궁금해서라도
건너뛰는 단어들, 빠르게 넘어가는 문장들이 생긴다.
하지만 소리 내어 책을 읽다 보면
문장 하나, 단어 하나도 그냥 쓱 지나갈 수 없다.
또박또박 한 단어 한 단어를 음미할 수밖에 없게 되는데
그래서인지 똑같은 내용의 글도
소리 내어 읽다 보니 전혀 다른 글처럼 느껴졌다.

한 친구도 이와 비슷한 경험을 해 본 적이 있다고 했다.
외국어로 된 책을 읽으면서.

아무래도 익숙지 않은 언어라 천천히 읽게 되고
헛갈리는 단어는 사전을 찾아보게 되고
그렇게 속도를 늦춰 책을 읽다 보니
분명 번역본으로 이미 읽었던 책인데도
마치 처음 보는 글처럼 생소하더란다.

꼭 책뿐 아니라 늘 지나치던 길인데도
갑자기 여유가 생겨 천천히 두리번두리번 걷다 보면
'어, 여기 이런 가게가 있었나?'
'저 떡볶이집 주인아줌마가 저렇게 젊은 분이었나?'
'이 집 간판은 원래 이렇게 촌스러운 색깔이었나?'
그 길이 무척 생소하게 느껴질 때가 있다.

어디 그뿐인가.
매일 보는 친구의 얼굴인데도
너 원래 이마에 그 살짝 파인 자국이 있었니 싶을 때.
내가 즐겨 입는 청바지인데도
원래 이 바지 뒷주머니에 이런 무늬가 있었나 싶을 때.
심지어 거울을 보다가도
어, 원래 내 목에 이런 작은 점이 있었나 싶을 때가 있다.

언젠가 선배에게서 이런 이야기를 들은 적이 있다.

"나도 무슨 책에서 본 건데,
우리가 아무리 천천히 가도
세상에는 우리가 보는 것, 그 이상의 것이 있대.
우리가 아무리 천천히 가도 놓치는 것들이 있을 수밖에 없대."

그 이야기에 나는 어쩐지
조금 슬픈 마음이 들었다.

아무리 천천히 가도 놓치는 것들이 있다는데
늘 부산스러운 마음, 늘 정신없는 하루.
그 안에서 나는 도대체
얼마나 많은 것들을 놓치고 있는 걸까 싶어서.

내게도 한때는
책을 먹어 치우듯 읽던 시기가 있었다.

분명 그때의 내 독서법은
읽는다는 표현만으론 부족한,
허기진 사람이 게걸스럽게 음식을 탐닉하듯
정말 먹어 치우는 듯한 형상이었다.

다른 여가 활동은 거의 멈춘 채
여유 시간 모두를 책 읽기에 할애했으며,
한 책의 3분의 2 정도를 읽었을 땐
다음엔 무슨 책을 봐야 하나 이미 마음이 조급해졌으며,
나중엔 책을 열 권 이상씩 한꺼번에 구입해
빠른 속도로 책들을 먹어 치워 나갔던 그 당시의 나.

아마도 그때의 난
내가 너무 무식하다는 생각을 했던 것 같다.
남들에게 뒤처지고 있다는 생각을 했던 것 같다.
이렇게 먹어 치우듯 빠르게 나아가지 않으면
이미 나보다 훨씬 앞서 걷고 있는 사람들을
절대로 따라잡을 수 없다고 생각했던 것 같다.

"아무래도 요즘의 난
책을 읽는 게 아니라 먹어 치우고 있는 것 같아."

그때의 내게 아마도 꼭 필요한 말이 아니었을까 싶다.

"우리가 아무리 천천히 가도
세상에는 우리가 보는 것, 그 이상의 것이 있대.
우리가 아무리 천천히 가도 놓치는 것들이 있을 수밖에 없대."

선배의 그 말.

아무리 많은 책을 읽고
아무리 많은 영화를 보고
아무리 많은 것을 이미 겪었고 이뤘다 생각해도
나는 그것들을
다 읽고, 다 보고, 다 겪고 이룬 것은 아닐지도 모른다.

그래서 나는 아직도 가끔씩
소리 내어 책을 읽는다.

뒤처지고 있단 생각에
무언가에 쫓기는 듯한 기분에
자꾸만 마음이 조급해질 때.

그래서 더
부산스러워지는 마음, 정신없어지는 하루.

그 안에서 내가
길을 잃어버린 듯한 느낌이 들 때면.

나를
피해자로 기억하는 성향

"무슨 소리야, 엄마는 항상 네가 먼저였지.
그래서 내가 어렸을 때 얼마나 상처를 많이 받았는데!"

참 이상하다.
내가 기억하는 우리의 어린 시절엔
항상 오빠를 부러워하던 내가 있는데,
오빠가 기억하는 우리의 어린 시절엔
언제나 나를 부러워하던 오빠가 있다.

"오빠는 맨날 새 옷만 입었잖아.
내가 오빠한테 물려받은 남자 옷들 얼마나 부끄러웠는지 알아?"
내가 이렇게 투덜거리면,

"막내라고 대우받으며 자란 건 너야.
난 늘 오빠라고 너한테 양보만 했다고."
꼭 이렇게 받아치던 오빠.

근데 얼마 전에
이 비슷한 대화를 친구와도 나눈 적이 있다.

"에이 아니지. 그 선배는 나보다 널 더 예뻐했지.
솔직히 그땐 나, 좀 속상했었다."

신기했다.
나 또한 그런 생각을 해 본 적 있으니까.

선배가 나보다
그 친구를 더 예뻐하는 것 같아 조금 섭섭했던 기억이
나에게도 있었으니까.

우리에겐
타인이 아닌 나를, 피해자로 기억하는 성향이 있나 보다.

어쩌면 엄마는
오빠와 나를 똑같이 사랑했을지도 모르는데
서로 더 사랑받지 못했다, 내가 피해자다 주장하고.

손바닥도 마주쳐야 소리가 나는 법인데
누군가와 다투면
꼭 내 잘못보단 상대 잘못이 먼저 떠올라
내가 피해자라 생각하게 되고.

심지어 내가 먼저 이별을 통보하고 나서도
'어쩔 수 없었어. 나를 이렇게 만든 건 그 사람이라고.'
이렇게 생각하게 되는 우리.

왜 꼭 그렇게 될까?

받은 사랑보단
받은 상처를 더 오래 간직하고.

내가 이미 가진 무언가보단
내가 아직 가지지 못한 무언가를 더 중요하다, 혹은 더 갖고 싶다.
한없이 내가 아닌 타인만을 부러워하는 우리.

우린 도대체, 왜 그런 걸까?

쉼표

난 이럴 때 참 억울하다.
'내일은 기필코 늦잠이다!'
굳게 마음먹고 잠자리에 들었건만
다음 날 아침, 습관처럼 꽤 이른 시간에 눈이 번쩍 떠질 때.

더 잘 거야. 더 잘 거야. 더 잘 거야.
억울해. 억울해. 억울해!

이리 뒹굴 저리 뒹굴.
아무리 자세를 바꿔 가며 다시 잠을 청해 봐도
피곤하긴 한데
정신 또한 몽롱하긴 한데
가수면 상태에서 절대 깊은 수면으로 들어가진 못할 때,
정말 그렇게 억울할 수가 없다.

할 일이 없는 건 아니다.
아니 내일부터 다시 시작될 빠듯한 일상을 생각하면
이것저것 미리미리 준비해 두는 게 좋은 시점.
하지만 늦잠까지 빼앗겨버린 억울함에
나는 이 하루를
온전히 나만을 위해 사용하기로 마음먹었다.

밀린 드라마부터 몇 편 몰아 보고 나니 꼬르륵.
부산스럽게 찌개까지 끓여 한 끼를 챙기고
다시 침대로 돌아와

뒹굴뒹굴 아이스크림 입에 물고 만화책 보기.
꾸벅꾸벅 졸다 깨다를 반복하며 보내는 나른한 오후.

그러다 영화를 또 두 편 몰아 보고 나니 꼬르륵.
냉장고를 뒤져 이것저것 다 몰아넣고
커다란 양푼에 고추장 한 스푼, 참기름 한 방울 똑!

배가 불러 숨도 못 쉬겠다는 시점이 오면
책도 영화도 눈에 안 들어오고, 자전거를 끌고 나가 동네 한 바퀴.
두 바퀴도 안 되고 세 바퀴도 안 된다.
나는 지금 운동을 하는 게 아니니까.
소화도 시킬 겸 바람도 쐴 겸
정말 그냥 놀기 위해 산책을 하는 거니까.

다시 집으로 돌아와 샤워를 하고 침대에 늘어져 책을 본다.
그때쯤 밀려오는 졸음.
그 졸음과 함께 찾아오는 이런저런 생각들.

아, 내일 일찍 일어나야 되는데.
아, 내일 할 일 되게 많은데.
아, 오늘 좀 미리 해 뒀어야 하는데.

하지만 별로 한 일도 없이 지나가 버린 오늘 하루를
먹다 자다 놀다 그렇게 흘리듯 보내버린 나의 오늘 하루를
후회할 마음은 없다.

지나친 게으름이 만들어낸 자기 합리화라 불러도 좋다.
나를 둘러싼 모든 걱정, 고민들을 잠시 뒤로 밀어 둔 채
딱 하루쯤,
내 일상에 쉼표 하나 찍어 주는 게 그리 큰 잘못은 아닐 테니까.

내 일상에 쉼표 하나 찍어 주는 게 큰 잘못은 아닐 테니까

용량 제한

그 날 우리 수다의 주제는
나이를 먹어 갈수록 점점 심해지는 듯한
건망증과 기억력 감퇴였다.

새로운 것을 배우는 데
점점 시간이 오래 걸리는 것은 물론
좋아했던 배우의 이름, 친했던 지인의 이름,
심지어 헤어진 여자친구의 이름도
생각 안 날 때가 있다는 이야기까지 나왔을 때
한 선배의 이 말에 우리는 모두 빵 터졌다.

"야, 원래 저녁 6시 이후에는 고유명사가 생각 안 나는 거야.
우리 머리도 퇴근하거든."

정말 그런 순간이 있다.
우리 머리가 퇴근한 것처럼 느껴지는 순간.

'어제저녁에 내가 뭘 먹었더라.'
아무리 생각해 봐도 기억나질 않고,
방금 몇 번이나 되뇌며 외웠던 누군가의 이름이 돌아서자마자
아 까먹었다, 생각나지 않을 때.

"나도 이제 늙었나 봐.
그래도 어렸을 땐 꽤나 총명하단 얘기도 듣고 그랬는데….
갈수록 머리가 나빠져."

이런 푸념이 절로 새어 나오는 순간.
그런데 언젠가 한 선배가
그렇게 투덜거리던 내게 이런 말을 해 준 적이 있다.

"갈수록 무언가를 기억하는 게 어려워지는 건
우리가 이미, 너무 많은 것들을 기억하고 있기 때문일지도 몰라."

어떤 과학적 근거도 없다는 거 아는데
이상하게 혹했다.

휴대폰 문자함이나 메일함도 용량 제한이 있어서
가득 차면 비워 줘야 하듯
혹 우리 머리도 그런 용량 제한 같은 게 있어서
적당히 비워 줘야 또 새로운 것들이 들어올 수 있는 건 아닐까.

어린 시절의 추억은 잘도 생각나는데
바로 작년에 있었던, 바로 지난달에 있었던,
바로 어제 있었던 일은 잘 기억나지 않는 것이 혹,
옛 기억들이 이미 너무 많은 용량을 차지하고 있기 때문은 아닐까.

그래서였는지도 모르겠다.

팔을 스치는 바람에서 가을이 느껴지자마자
나는 제일 먼저 긴팔 옷을 찾으려 옷장을 뒤졌다.
그런데 왜 이렇게 옷이 없는지.
도대체 나는 작년 가을에 무슨 옷을 입었는지
도무지 기억나지 않는 거다.

그런데 참 신기한 것이 아주 오래전에 입었던,
이젠 낡아서 더 이상 입을 수도 없는 그 옷만은
선명히 기억났다.

"어, 오늘 예쁘게 입고 나왔네?"

그 말과 함께 방긋 웃어 보이던, 그 사람의 얼굴과 함께.

자동
판매기

새까만 어둠 속에서
쓸쓸하게 홀로 빛을 발하고 있는 자동판매기.

늦은 밤
하얀 모니터 위로 깜빡이는 커서는 자꾸만 날 재촉하는데
내 머리는 텅 빈 듯 아무것도 쏟아내 놓지 못할 때.
그럴 때면 찾게 되는 옥상 풍경이다.

새까만 어둠.
쓸쓸하게 홀로 빛을 발하고 있는 자동판매기.
동전을 넣으면 몇 개의 불빛이 더 밝혀지고
나의 선택을 기다리는 메뉴들.

언젠가 그 앞에서
한참을 멍하니 서 있었던 기억이 난다.
며칠째 잠을 이루지 못했던 어떤 날.
내가 지금 졸고 있는 건가 착각이 들 정도로 한참을 멍하니.

계속되는 야근.
그에 비해 턱없이 적은 월급.
아무리 내가 좋아서 시작한 일이라도
피로의 누적은 사람을 지치게 할 수밖에 없다.
하지만 그보다 더 나를 지치게 하는 것은 언제나,
아이디어의 부재.

몇 시간째 눈을 비비며 모니터와 눈싸움을 해 봐도
아이디어는 떠오르지 않고,
옥상 휴게실을 들락날락 연거푸 커피를 마시고
쓰린 속을 부여잡고 다시 책상에 앉고.
하루 밤새 그 짓을 몇 번이나 반복하고 나면
한없이 밀려드는 자괴감.

이 길이, 내 길이 아닌 건 아닐까.
안 그래도 힘든 길, 과연 내가 이 바닥에서 성공할 수 있을까.
처음부터 내겐, 재능 따윈 없었던 게 아닐까.

아마도 그런 생각들로
머리가 복잡했던 어떤 날이었으리라.
그러다 어느새
머리가 텅 빈 듯 멍해져버린 날이었으리라.

나는 자동판매기 앞에서 한참을 멍하니 서 있었다.
나의 선택을 기다리는 불빛들을 멍하니 바라보며 그렇게 한참을.

그리고 생각했던 것 같다.
내가, 자동판매기였으면 좋겠다는 생각.
버튼만 누르면 아이디어가 자동으로 쑥쑥 나오는 자동판매기.
내가 그런 자동판매기였으면 좋겠다는 생각.

언젠가 이런 글을 본 적이 있다.

'글을 쓰려는 사람이
그 자신을 부끄러워하는 일은 죄악이다.
그 자신을 부끄러워하는 마음엔
어떠한 독창의 싹도 생기지 않는다.'

글을 쓰는 일이든
그림을 그리는 일이든
음악을 만드는 일이든
만화를 그리는 일이든
무언가를 창작해내야 하는 사람들에겐 그 무엇보다
자신감이 필요하다는 이야기일 거다.

근데 그 자신감이라는 게 참 어렵다.

번뜩이는 아이디어가
자동판매기처럼 쑥쑥 나오지 않는 날에는
자신감 대신 끝없는 자괴감이, 나를 지배하곤 하니까.

자유로운 걸까,
외로운 걸까

처음 자취를 시작했을 때 무엇보다 가장 신났던 건
내가 원할 때 원하는 장소에서 아무거나 먹어도 된다는 것,
아무거나 해도 된다는 것이었다.

"아침부터 무슨 라면이야? 밥 먹어."
이런 잔소리가 더 이상 존재하지 않는 세상.
아침에 눈을 뜨자마자 라면이 먹고 싶으면 라면을 먹으면 되는 거다.

"침대 위에서 뭐 먹지 말랬지?"
누가 이런 소릴 하겠는가.
침대 위에서 뒹굴거리며 과자를 먹어도
그렇게 이불에 과자 부스러기나 음료를 흘려도
나만 괜찮으면 되는 거다.

"일찍 좀 자라. 또 밤 꼴딱 샜니?"
다음 날 별일 없으면
밤새 나 하고 싶은 것 마음껏 하다 자고 싶을 때 잘 수 있다는 것.

이것이야말로 진정한 자유구나 싶었던
자취 초보생 시절.

그런데 언젠가
꽤 오래 혼자 자취를 한 선배집에 갑자기 들를 일이 있었다.
현관문을 열자마자 퍼지는 스테이크 냄새.

"선배는 혼자 스테이크도 해 먹어요?"
선배는 그냥 웃었다.
그런데 미니 오븐 안에 고스란히 남아 있는 스테이크.
"너 먹고 싶으면 먹을래?
한 지 좀 돼서 다시 데워야 하긴 하지만."

좀 의아했다.
이렇게 먹음직스러운 냄새를 풍기는 스테이크를
지금까지 왜 안 먹고 놔뒀는지.

"그냥, 갑자기 먹기 싫어져서."

그땐 그 선배가 참 이해가 안 됐는데
애써 만들어 놓은 스테이크를
왜 몇 시간이나 방치해 둔 건지 도무지 이해가 안 됐는데
어젯밤이었다.

"이 시간에 무슨 치킨이야?
자꾸 야식을 먹어대니까 속이 안 좋지."
이런 잔소리는 존재하지 않는 나의 자취방.

꽤 늦은 시간이었지만 그냥 치킨을 시켰다.
그리고 방 안 가득 퍼지는 치킨 냄새에 흐뭇해하며
맥주 캔을 똑 하고 따는 순간, 기분이 묘했다.
기분이 좋은 건지 아닌 건지 나도 잘 모르겠는,
아니 어쩌면 두 가지 다 아닌 듯한 묘한 느낌.

그리고 이런 생각이 든 거다.

무엇이든 내 마음대로 할 수 있다는 것.
그건 자유로운 걸까, 외로운 걸까.

시간은
조금씩 가르쳐 준다

아무렇지 않은 표정으로 친구를 만나 수다를 떨고
아무렇지 않은 표정으로 혼자 거리를 걷고
아무렇지 않은 표정으로 누군가에게 전화를 걸어
해도 그만, 안 해도 그만인 말을 늘어놓고.

어느 단편 만화에 나오는 주인공의 모습.

벌써 몇 해 전에 봤는지도 까마득한,
지루하다면 지루하다고도 할 수 있는 만화인데
지금도 내가 그 만화를, 그 만화 속 주인공의 표정을
선명하게 기억하고 있는 이유는
주인공의 마지막 대사 때문이다.

'전화는 오지 않는다.
시간은 조금씩 가르쳐 준다.
전화는, 오지 않는다.'

애써 아무렇지 않은 표정으로
무덤덤한 하루를 보내는 주인공은 기다리고 있었던 거다.
누군가의 전화를.

그 사람과 다투고 나면
늘 먼저 연락을 하던 사람은, 그였다.

그래서 어쩌면 나는

그와의 마지막 다툼 끝에도
막연하게나마 그렇게 생각하고 있었는지 모른다.

언제나처럼
그가 다시 전화를 해 올 거라고.
언젠가 그랬던 것처럼
늦은 저녁 내 집 앞 놀이터에서
그는 혼자 그네를 타며 나를 기다리고 있을 거라고.

이제는
그런 일은 일어나지 않을 거라 확신할 수 있을 만큼
많은 시간이 흘렀지만,

아직도 가끔은
집에 들어가기 전 무의식적으로 고개를 돌려
텅 빈 놀이터를 한 번씩 바라보는 나.

아직도 가끔씩
나도 모르게 휴대폰을 열어
부재중 통화가 없었는지를 확인하는 나.

그럴 땐 가끔씩
그 만화 속 주인공의 먹먹한 표정과 함께
마지막 대사가 떠오르곤 한다.

'시간은 조금씩 가르쳐 준다.
전화는, 오지 않는다.'

NG!

똑같은 사람, 똑같은 배경, 똑같은 포즈.
두 장의 사진은 모두 똑같다.

사진의 각도부터
나뭇가지에 매달려 있는 나뭇잎 위치까지
정확히 일치하는 두 사진은 분명
한자리에서 조금도 움직이지 않고 연속해서 찍은 사진들이다.

어쩌면 사람들은 궁금해할지도 모른다.
내가 왜 이토록 똑같은 사진을 두 번이나 연속해서 찍었으며
두 사진을 나란히 붙여 블로그에 올렸는지에 대해.

하지만 답은 간단하다.
사진을 조금만 더 자세히 들여다보면 쉽게 알 수 있다.

"너 또, 눈 감았다!"

사진을 찍으면 바로 확인이 가능하고
마음에 들지 않으면 바로 삭제가 가능하고.
디지털카메라의 최대 장점.

하지만 그 장점 때문에
더 방심하게 되는 사람들이 꼭 있다.
하나 둘 셋, 하는 순간에 자신도 모르게 눈을 깜빡.

내 친구가 꼭 그런다. 매번 그런다.

"에이, 너 또 눈 감았다!
다시 찍을게. 하나 둘 셋!"

그런 적이 정말 한두 번이 아니다.
그래서였다.
친구의 눈 감은 사진을 지우지 않고 그냥 블로그에 올렸다.
그것도 눈을 뜬 사진과 나란히 붙여 'NG컷과 OK컷'이란 제목으로.

그런데 며칠 후
친구가 사진 아래 댓글을 달았다.

그리고 그 댓글에
나도 모르게 흘러나온 혼잣말.

'정말, 그러게…'

친구의 댓글은 바로 이거였다.

'NG!
이렇게 외친 다음.
죄송합니다, 다시 할게요!
이게 우리 인생에도 가능하다면 얼마나 좋을까?'

빗소리

지난밤 창문 밖으로 들려오는 빗소리에
한참 동안이나 귀를 기울이며 뒤척뒤척.
쉽게 잠을 이루지 못했던 기억이 난다.

그리고 오늘 아침 시끄러운 알람 소리에
신경질적으로 손을 뻗어 알람을 끄고 일어났을 때
여전히 창문 밖으로 들려오는 빗소리.

그리고 불현듯 떠오른 어느, 비 오는 여름날의 기억.

작은 우산 아래 그녀와 나.
바짓단이 물에 젖을까
두 손으로 바지를 움켜쥐곤 바닥을 보며 걷던 그녀.
혹 물웅덩이가 나타나면
그녀는 살짝 뛰어 물웅덩이를 피하고
그때마다 나는 그녀 쪽으로 우산을 기울이고.
내 한쪽 어깨가 다 젖어 오는지도 모른 채
그녀의 움직임에 온 신경을 기울였던 그때.

바지를 움켜쥔 유난히 작고 하얗던 그녀의 손이
물웅덩이가 나타날 때마다
작은 입술을 실룩이며 집중하던 그녀의 얼굴이
오늘 아침
정말 거짓말처럼 생생하게 기억나고 말았다.

그때는 우리가 아직 서로 사랑하기 전이었고,
그 후로도 우리는
한 우산 아래 비 오는 길을 수없이 많이 걸었을 텐데,
왜 하필 그날의 일이 이토록 생생하게 기억나고 만 걸까.

지난밤 빗소리에 뒤척이다 잠이 들었을 때
그날의 꿈을 꾸었던 걸까.
별생각 없이 뒤척였다고 생각했던 것이
사실은 그녀를 떠올리고 싶지 않아
나도 모르게 내 마음과 내 머리와 싸움을 하고 있었던 걸까.

그렇다면 왜 하필 그날이었을까.
바지를 움켜쥔 유난히 작고 하얗던 그녀의 손.
물웅덩이가 나타날 때마다
작은 입술을 실룩이며 집중하던 그녀의 얼굴.
그리고 그런 그녀에게 시선을 떼지 못하던 나.

어쩌면 그날, 그 순간이,
내가 그녀를 사랑하게 된 시작이었던 걸까?

무거운 몸을 일으키며 시계를 본다.
'준비하고 나가야지….'
혼잣말을 내뱉으며 창밖을 바라본다.

여전히 들려오는 빗소리.
어쩐지 오늘은, 꽤 힘든 날이 될 것 같다.

무거운 몸.
무거운 마음.
그리운 그녀.

내 청춘을
바쳐

오랜만에 친구들 블로그를 기웃거리다
한 친구의 블로그에서 이런 글을 발견했다.

'청춘, 내게는 지금 이 순간.
훗날 내가
내 청춘을 바쳐, 라고 말하게 된다면!'

생뚱맞게도 난 이 글을 보자마자
어떤 만화 속 한 장면이 떠올랐다.

고등학생인 만화 속 남자 주인공은 농구선수로
경기 도중 부상을 입게 되는데,
모두가 그에게
더 이상 이 경기는 뛸 수 없다고
그래선 안 된다고
앞으로의 선수 생명도 위험해질 수 있다고 말한다.

하지만 그때 주인공은 감독님에게 이렇게 물어본다.

"감독님의 영광의 시대는 언제였나요?
국가 대표였을 때였나요? 난, 지금입니다."

그리고 다시 경기장으로 뛰어나가는 주인공의 모습은
참 행복해 보였다.

자신이 좋아하는 일.
모든 희생을 감수하고
그 안에서 최선을 다하고 있는 주인공의 모습은
정말 행복해 보였다.

그러고 보니
'청춘, 내게는 지금 이 순간.'
이 친구를 못 본 지가 벌써 꽤 된 것만 같다.

말 그대로 '내 청춘을 바쳐'
친구는 지금 무언가에 최선을 다하고 있기 때문일 것이다.

아마도 퍽 힘이 들 것이다.
그냥 주저앉고 싶은 순간도 찾아올 것이다.
그럴 때 내게 술 한잔 사 달라는 연락을 해 올지도 모른다.

그럼 난 친구에게 군말 없이 술을 사 줄 것이다.
그리고 마음속으로 이런 말을 읊조리게 될지도 모른다.

'청춘, 내게는 지금 이 순간'이라고 말하는 네가
참 부럽다고.
내 청춘을 바쳐 이루고 싶은 무언가를
나 또한 찾고 싶다고.

깨고 싶지 않은
꿈

조금씩 기억을 잃어 가고 있던 팔십 대 노인이
어느 날 아침 일어나 보니 스무 살 청년으로 변해 있었다.
아니, 몸은 팔십 대 그대로지만
그는 스무 살 이후의 기억을 모두 잃었고
자신이 스무 살이라 생각하게 된 거다.

노인의 집에 도우미로 찾아오는 스무 살 소녀는
노인에게 현실을 말하지 못한다.

자신의 첫사랑과 똑 닮은 스무 살 소녀를
노인은 진짜 자신이 스무 살 때 좋아했던 소녀라 착각하게 되고,
그런 소녀가 매일 자신의 집에 와 준다는 것만으로도
너무 행복해하고 있었기에,
소녀는 노인에게 현실을 말하지 못한다.

"당신이 매일 우리집에 찾아와 주다니
이건 마치 꿈인 것만 같아요.
절대 깨고 싶지 않은 그런 꿈이요."

사실 노인은
자신이 스무 살이라는 착각 속에서, 꿈속에서 살고 있는 건데.
그것이 꿈이라는 것을 노인 스스로만 모르고 있을 뿐.

어떤 영화 속 이야기다.

노인의 구애가
소녀에겐 제법 부담이 됐을 법도 한데
소녀는 말하지 못한다.

당신은 사실 팔십 대 노인이고
당신이 사랑했던 여자는 지금 친구의 아내가 돼 있다고
소녀는 말하지 못한다.

깨어나고 싶지 않을 만큼 행복한,
그런 꿈을 꾸고 있는 노인에게 소녀의 침묵은
어쩌면 생애 가장 소중한 마지막 선물이 됐을지도 모른다.

이것이 꿈이라면
깨어나고 싶지 않을 만큼 행복했던 순간이
누구에게나 있을 거다.

사랑하는 사람과의 행복했던 순간.
내가 원하는 것은 무엇이든 이룰 수 있다 믿었던
실패를, 좌절을 모르던 나의 지난날.

하지만 현실에선
그런 행복한 순간이, 행복한 꿈이
영원히 지속되진 않는다는 걸 알고 있는 우리.

그래서 그 영화가
더 깊은 여운을 남겼던 건지도 모르겠다.

깨어나고 싶지 않은 꿈.
그런 꿈을 현실에서 또한 바라고 있는 우리이기에.

외로움을,
라면으로 잇다

"걱정하지 마. 나 원래 혼자서도 잘 놀잖아."

연고 하나 없는 이곳으로 긴 여행을 떠나오게 됐을 때
많은 사람들이 날 걱정했지만 난 항상 자신 있게 말했다.
"걱정 마. 나 원래 혼자서도 잘 놀잖아.
나 혼자 있는 거 좋아하잖아."

그리고 처음 몇 달은, 정말 좋았다.
그때의 나는 많이 지쳐 있었으니까.
하루에도 수없이 마주치는 낯선 사람들.
쉴 새 없이 쏟아지는 일.
쉴 새 없이 말하고 쉴 새 없이 생각하고.
그래도 늘 쫓기는 기분.

그래서 이곳에서의 처음 몇 달.
조용하다 못해 지루할 정도로 한가로운 이곳 생활이
정말 좋았다.

하루 종일 한마디도 하지 않은 날이 있어
저녁때쯤 편의점 점원의 봉투가 필요하냐는 질문에 답하려는 순간
갈라진 쉰 목소리가 나올 정도로 혼자인 날들이었지만
그래도 외롭단 생각은 들지 않았다.

그런 내 고요한 일상을 흔들어 놓은 건,
갑작스러운 친구의 방문.

물론 반가웠지만 이미 혼자의 시간에 지나치게 익숙해 있었던지라
조금은 불편하기도 했던 보름 남짓의 시간.

그런데 참 이상했다.
친구가 한국으로 돌아가던 날.
공항 리무진을 탈 수 있는 데까지 친구를 바래다주고 집에 돌아왔는데,
방문을 열자마자 밀려오는 쓸쓸한 기분.

그동안 이곳에서
한 번도 느끼지 못했던 외로움이
그때야 비로소 나를 찾아왔다.
아니 어쩌면 그동안의 나는 외면하고 있었는지도 모른다.
혼자라는 외로움을.

이대로 있다가는 점점 더 우울해질 것만 같은 기분.
결국 밖으로 나와 자전거를 타고 달렸다.
집에서 멀다는 이유만으로 차일피일 미루고 있었던
이 도시에서 가장 맛있다는 라면집에 가기로 한 거다.
그렇게 자전거로 40분을 달려 도착한 라면집.

40분을 달린 보람이 있었다.
평소 좀 느끼한 맛이 싫어서
일본 라면보단 한국 컵라면을 더 사랑하던 나였는데
국물 한 방울까지 남기지 않고 다 비울 정도로
그 라면은 정말 최고였으니까.

그날 집으로 돌아와
나는 블로그에 그 라면 사진을 올렸다.
그리고 그 아래, 이렇게 글을 남겼다.

'외로움을, 라면으로 잊다.'

적당한 타이밍

오랜만에 모인 친구들과의 술자리.
오랜만에 만난 만큼
각자의 사는 이야기부터 출발해
우린 참 다양한 주제로 많은 이야기들을 떠들어댔지만
그 모든 이야기들이 결국, 이 한 문장으로 정리됐다.

"인생은 타이밍이야!"

짝사랑 중인 한 친구는
그녀도 내게 마음이 있나 싶어 고백하려 하면
시큰둥 무심해지는 그녀,
아닌가 싶어 멀리하려 하면 다정해지는 그녀 때문에
고백할 타이밍도
마음 접을 타이밍도 잡지 못해 괴로워하고 있었고.

반대로 다른 한 친구는
오랜 연인과의 이별을 준비하고 있지만
쉽사리 입이 떨어지지 않는다 했다.
하루는 그녀가 너무 울적해 보여서
하루는 그녀의 어머님이 갑자기 아프시다 해서
하루는 그녀가 갑자기 선물을 사 와서
하루하루 이별할 타이밍을 놓치고 있다는 친구.

또 어떤 친구는
오랫동안 마음에 품어 온 자신의 꿈을 위해

지금 다니는 직장에 사표를 내겠다 결심했지만
그 타이밍을 잡기가 어렵다 했다.
지금 맡고 있는 프로젝트만 끝나면! 했지만
그 프로젝트가 끝나자
내가 꼭 해야 할 것 같은 다른 일이 생기고.
지난달 연인에게 큰맘 먹고 사 준 선물, 할부라도 끝나면?
이런 생각도 들어서.

게다가 나는
평소 무척 못마땅하게 생각해 온 후배를 꽤 오랫동안 꾸짖을 기회를 찾다
며칠 전 결국 버럭 했는데 그 후배 하는 말.

"선배, 요 며칠 감기 때문에 몸도 안 좋은 것 같더니
요즘 너무 예민한 거 아니에요?"

아닌데! 그게 아닌데!
정말 오랫동안 벼르고 벼르다 한 말인데!
하필 내가 아플 때 그런 이야기를 하고 말아
난 졸지에 아픈 마음으로
히스테리나 부린 사람이 되고 말았다는 이야기를 꺼내자
친구들 동시에 말하길,

"그것 봐, 인생은 타이밍이라니까!"

사랑을 시작할 때도
이별을 말할 때도
새로운 일을 시작해 보려 할 때도
심지어 누군가에게 싫은 소리를 해야 할 때도
타이밍을 생각해야 하다니!

그래서 우리는 늘 피곤한가 보다.

내가 하고 싶은 말,
내가 저지르고 싶은 일들을
이것저것 생각 안 하고 확 저질러버릴 수가 없어서.

언제나 그 '적당한 타이밍'이란 녀석을
기다리고 또 기다려야 해서.

그런데 정말
그 '적당한 타이밍'이라는 게 있긴 하는 걸까.

'청춘, 내게는 지금 이 순간'

이라고 말할 수 있다면…

카세트테이프

지금의 내겐 전혀 쓸모없는 물건.
아마 앞으로도 역시
다시는 꺼내 쓸 일 없는 물건.
그런데도 쉽게 버릴 수는 없는 물건들이 있다.

내 방 책상 서랍 두 칸을 가득 채우고 있는 카세트테이프들이
내겐 그런 물건들 중 하나.

이젠 내게
그 테이프들을 재생할 수 있는 테이프리코더도 없다.
아마 앞으로도 역시
내가 테이프리코더를 살 일은 없을 것 같다.
그러니 그 테이프들을 꺼내 다시 들어 볼 일은 없지 않을까.

그런데도 매번 정리를 할까 서랍을 열었다가도 다시 닫게 된다.
서랍을 열 때마다 만나게 되는 나조차도 잊고 있던 추억들.

스무 살 무렵이었던 것 같은데
그때는 별 약속이 없는데도 집에 가는 일이 늘 아쉽고는 했다.

무슨 건수 없나 깜깜한 캠퍼스 여기저기를 방황하다
동아리방에도 한번 기웃, 과방에도 한번 기웃.
그러다 과방에 자리를 잡고 앉아 애들이 적어 놓은 낙서장들을 들추며
집에 가는 시간을 늦추고 있었던 것 같은데
창문 밖으로 날 부르는 낯익은 목소리가 들려왔다.

"역시 여기 있었네?"

창문가로 날 부르는 손짓.
쪼르르 달려가니 창문 너머로 내 귀에 이어폰을 끼워 주던 그 사람.

도대체 새 앨범은 언제 나올까?
흘리듯 뱉었던 내 말을 기억하고 있었던 그 사람.
음반가게에서 그 앨범을 보자마자 제일 먼저 내게 들려주고 싶었다며
늦은 밤 과방으로 날 찾아온 그 사람.

그런 그 사람이 참 좋았다.
내가 어떤 이야기를 해도 다 귀 기울여 들어주고
흘리듯 내뱉었던 말들도 기억해 주는 그 사람이 나는 참 좋았다.

어떤 노래였더라.
대단치 않은 사소한 이야기들이 쌓여 간다는 건
참 슬픈 일이라 말하던 노래.

아무 의미 없는 내 농담에도 웃어 주고
대단치 않은 사소한 내 이야기들에도 귀 기울여 주던 그 사람을,
이제 나는 잃었지만
그 사람과의 추억마저 잃고 싶진 않았던 모양이다.

오늘도 나는 서랍을 다시 닫고 말았다.
이젠 아무런 쓸모가 없다 해도
나는 그것들을 버릴 순 없었으니까.

미래를 공상하든
과거를 회상하든

'그가 미래를 공상하든 과거를 회상하든
그 모든 것이 언제나 옛날이야기처럼 아름다웠다.'

어떤 소설 속 주인공인 '그'.
그가 원래 이렇게 긍정적인 사람이었나 하면, 그건 아니다.
오히려 늘 피해 의식에 사로잡혀 있던 사람이었다.

'나는 왜 이렇게 되는 일이 없지?
내 인생은 왜 이렇게 굴곡투성이지?
내가 그렇지 뭐, 잘될 리가 있겠어?'

하지만 미래를 공상하든 과거를 회상하든
그 모든 것이 언제나 옛날이야기처럼 아름답게 느껴지는 순간이
그에게 찾아온다.
그는 지금 사랑에 빠져 있다.

조금 오래된 노래 중에 이런 가사가 있다.
'그대를 만나기 위해 많은 이별을 했는지 몰라.'
지난 모든 사랑의 아픔이 '그대'로 인해 아름답게 미화되는 순간.

하지만 반대로 이런 경우도 있다.
언젠가 한 후배가
꽤 중요한 물건을 잃어버리고 시름에 빠져 있을 때였다.
눈물이 그렁그렁 맺힌 채 후배는 말했다.

"말도 안 되는 거 아는데, 정말 말도 안 된다는 거 아는데….
나는 꼭 이게 다, 그 사람 때문인 것 같아."

그 사람과 헤어진 후
무슨 안 좋은 일이 생길 때마다 제일 먼저 그가 떠오른다는 후배.
이상하게 그 후로 안 좋은 일들만 생기는 것 같고
자신에게 닥친 이 모든 불행들이 다
그와의 헤어짐 때문이라 생각된다는 후배.
물론 말도 안 되는 이야기란 거, 후배도 알고 나도 알고 있었다.

하지만 그 순간
내가 후배의 말을 부정할 수 없었던 이유.
알 것 같았기 때문이었다.

과거를 회상하든 미래를 공상하든
모든 것이 어둡게만 느껴지는 후배의 그 마음을
알 것 같았기 때문이었다.

사람 마음 간사한 게 어디 하루 이틀 일인가.

지금 내가 행복할 때는
칙칙했던 과거마저도
'그래그래, 이렇게 좋은 날이 있으려고 그런 일도 있었던 거겠지.'
모든 것이 아름답게 보이고
세상이 마치 나를 중심으로 돌아가는 듯한 기분이 들지만,

지금 내가 불행할 때는
아름다웠던 과거의 추억마저도
원망스럽고 지워버릴 수만 있다면 지워버리고 싶고
세상 모든 것이
나를 등진 듯한 기분이 드는 법이니까.

산다는 건
끊임없이 쌓이는 먼지를 닦아내는 일

틈만 나면 쓸고 닦고.

어떤 소설에
틈만 나면 먼지를 쓸고 닦고
하루 종일 청소만 하는 아줌마가 등장한다.

'인생을 살아간다는 건
끊임없이 쌓이는 먼지를 닦아내는 일이야.'

정말 그런 걸지도 모르겠다.
청소한 지 얼마 되지도 않은 것 같은데
벌써 먼지가 뭉쳐 굴러다니는 게 보인다.
외면해 보려 해도 이미 본 먼지 덩이 때문인지
코도 답답하고 목도 따끔거리는 기분.

큰맘 먹고 창문을 다 열고 청소를 시작했다.
책상 밑, 서랍장 밑 구석구석까지 쓸고 닦고.
어찌나 열심히 청소를 했는지 이 겨울에 땀이 다 난다.

그래도 깨끗해진 방을 보니 나름 뿌듯한 기분.
상쾌하게 샤워까지 마치고 방으로 돌아왔는데
이럴 수가!
그렇게 쓸고 닦았는데도 몇 발짝 걷고 나니
발바닥에 먼지가 묻어 있다.

그때 떠오른 소설 속 아줌마의 말.

'인생을 살아간다는 건
끊임없이 쌓이는 먼지를 닦아내는 일이야.'

그러게 말이다.

아무리 쓸고 닦고 땀이 나도록 열심히 청소를 해도
발바닥엔 다시 먼지가 묻고
아무리 면봉으로 귓속을 구석구석 닦아내도
늘 미진한 기분이 들고

아무리 지우고 잊으려 해도
또다시 쌓이는 지우고 싶은 기억.

우리에겐
간직하고 싶은, 꺼내 볼 때마다 힘이 되는,
그런 기억만 있는 건 아니니까.

어쩌면 인생을 살아간다는 건
끊임없이 쌓이는
'지우고 싶은 기억'을 닦아내는 일일지도 모르겠다.

관계

아마도 그때가
그 사람과의 마지막 만남이었던 것 같다.
그리고 그 사람은
그날이 우리의 마지막 만남이 될 거란 걸
알고 있었던 것 같다.

무슨 특별한 날이 아니었는데도
그 사람은 내게 선물을 주었다.
책인 듯 보이는 선물을 난 그 자리에서 풀어 보려 했고
그 사람은 그러지 못하게 했다.

그 사람과 헤어져 집으로 돌아와
서둘러 포장을 풀었을 때
역시 그 안에는 책이 한 권 들어 있었다.
그 책의 제목은 《관계》.

이제는 시간이 많이 흘러
그 책의 내용은 하나도 기억나지 않는데
그 책의 첫 장을 넘겼던 순간,
그리고 그 첫 페이지에 적혀 있던 그 사람의 글귀만은
아직까지도 생생하게 기억난다.

"우리는 어떤 관계였을까?"

그 사람과 나는 정말 어떤 관계였을까?

지금까지도 문득문득
그 질문이 내 머릿속에 떠오르지만
나는 아직도 그 답을 갖지 못했다.

꼭 남녀 사이가 아니라 해도
서로가 서로에게 '헤어지자, 이제 다시는 보지 말자.'
이런 말을 남기지 않았음에도
더 이상 만날 수 없게 돼버린 사람들이 있다.

서로가 의도적으로 피해서였든
아니면 드문드문 연락이 끊겨버린 관계였든
그 순간이 마지막이었다는 것도 모른 채
서로 웃으며 혹은 얼굴 붉히며 헤어졌지만
이제 와 생각하면 그 순간이 마지막이었던 만남들.

가끔 그런 생각이 든다.
이제는 더 이상 만날 수 없는 그들에게 나는
어떤 존재로 기억되고 있을까?
우리가 어떤 관계로 기억되고 있을까?

어쩌면 그들과 우연히 다시 마주칠지도 모른다.
그럼 나는 그들과 반갑게 인사 나눌 수 있을까?
나는 그 사람에게 웃으며 물어볼 수 있을까?

우리가 어떤 관계였냐고.

욕심이 생길수록 우리는 꼭 실수를 하게 된다

욕심이 생길수록
잘하고 싶단 마음이 커질수록
우리는 꼭 실수를 하게 된다.

이쯤에서 뭔가 제대로 보여 줘야 하는데
이번엔 정말 잘해내고 싶은데
실수하면 안 되는데
이번엔 정말! 이번엔 기필코! 이번엔 반드시!

하지만 그럴수록 실수는 잦아진다.

그리고 그럴 때마다
힘을 빼세요, 힘을!
이 말이 떠오르지만 그건 참 쉽지 않은 이야기.

점점 더 몸에 힘이 들어간다는 건
점점 더 긴장이 된다는 건
그만큼이나
그것을 바라는 내 마음도
그것을 잘해내 보이고 싶다는 내 마음도
간절하다는 뜻일 테니까.

그저,
그뿐이었던 것 같다

좋아하는 사람이 있었다.

참 좋았다.
늘어진 티셔츠, 헐렁한 청바지.
아무렇게나 입은 모습도
말할 때면 살짝 미간을 찌푸리는 모습도
잠이 덜 깬 듯 부스스한 표정도 그냥 참 좋았다.

무뚝뚝한 성격.
나를 향해 툭 내뱉는 핀잔들도
가끔씩 보이는 이기적인 모습까지도 그냥 참 좋았다.

사람들이 그런 날 이해할 수 없다 말해도
나는 오히려
그의 매력을 몰라보는 그 사람들이 이해가 안 됐다.

사람들이 가끔씩 그의 험담을 할 때도 나는 이해가 안 됐다.
그게 뭐?
그게 왜 흠이 되는 거지?
누구에게나 그런 면은 조금씩 있잖아?
나는 정말 그 사람을 참 많이 좋아했나 보다.

무척 오랜만이었다.
내가 그토록 좋아했던 그 사람과 다시 마주하게 된 것.

그 사람은 예전 모습 그대로였다.
미간을 찌푸리며 투덜거리는 모습.
무엇 하나 자기 마음대로 되지 않는 것은 참지 못하는
조금은 이기적인 모습까지.

그런데 참 이상한 것이
그의 그런 단점들이
이제는 내 눈에, 보이기 시작했다는 거였다.

내가 이런 사람을 좋아했구나.
그래서 사람들이 날 이해할 수 없다 했던 거구나.
그래서 사람들이 가끔은 내 앞에서도 그의 험담을 했던 거구나.

그리고 그때야 나는 깨달았던 것 같다.
아, 그를 향한 내 사랑은 끝났구나.

그뿐이었다.
조금도 억울하지 않았다.
조금도 후회되진 않았다.

그랬구나.
내게도 그런 시절이 있었구나.

상대의 모든 단점조차
내게는 단점으로 느껴지지 않는,
그런 사랑을 했던 시절이 내게도 있었구나.
그저 그뿐이었던 것 같다.

그리고 그랬던 내가
그럴 수 있었던 내가 조금은 그리운 느낌.
그저, 그뿐이었던 것 같다.

청춘, 그 길에 서서

75

요즘
힘드시죠?

며칠 전부터 왼쪽 귀가 잘 안 들리더니
오늘은 귀에서 윙 하는 소리까지 들리고.
그러다 보니 머리까지 지끈지끈.
결국 참을 수 없어 병원을 찾았다.
중이염인가? 무슨 큰 병은 아니겠지?
걱정 가득한 마음으로 검사를 마치고 의사 선생님 앞에 앉았는데,

"검사 결과만 봐선 별다른 이상이 없는데요?"

안심이 되면서도 허탈하고 울컥하는 마음.
그럴 리가 없는데, 분명히 나 아픈데, 나 꾀병 아닌데.
이런 생각에 그럼 도대체 왜 그런 거냐고 조금 따지듯 물었더니
의사 선생님은 이렇게 답했다.

"요즘 일이 많으세요? 아무래도 스트레스 때문인 것 같은데?"

바쁜 시간 쪼개서 병원까지 왔는데 뭐야.
허탈한 마음에 터덜터덜 병원을 나서는데
때마침 친구에게서 전화가 걸려 왔다.

"거 봐, 내가 별거 아닐 거라고 했잖아. 야, 나는 얼마 전에
살이 너무 쭉쭉 빠져서 갑상선에 문제가 생겼나 병원에 갔는데
그것도 그냥 스트레스 때문이라 하더라고."

"그러고 보니 나 작년에 허리 아파서 병원 갔을 때,

그때도 스트레스 때문이라고 그랬잖아.
혹시 의사들이 잘 모르겠으면
그냥 다 스트레스 때문이라고 하는 건 아닐까?"

스트레스가 만병의 근원이라는 거.
현대 질병의 대부분이 스트레스 때문이라는 거.
부정하고 싶은 건 아닌데 그냥 그런 생각이 들었다.

왜 사이비 종교 단체 같은 데서
사람들 끌어들일 때 제일 처음 하는 말이
"요즘 힘드시죠? 요즘 집에 안 좋은 일 있으시죠?"
이거란 말도 있지 않나.
이 말에 대부분의 사람들이 "예, 어떻게 아세요?" 이렇게 대답하듯,

"요즘 스트레스 많이 받으시죠?"
이 질문에도 우리는 "예!"
크게 고개를 끄덕끄덕
이렇게 되는 거 아닌가 싶은 거다.

세상에 고민 하나 없는 사람은 없다는 말도 있지만
우린 왜 꼭 그렇게 되는 걸까.
"요즘 힘드시죠?" 하면, "예!"
"요즘 스트레스 많이 받으시죠?" 하면 또, "예!"

문득 궁금해졌다.

"요즘 힘드시죠?" 이 질문에
"아니요? 하나도 안 힘든데요?
요즘 완전 좋아 행복해 죽겠는데요?"
이렇게 대답할 수 있는 사람,
이렇게 대답할 수 있는 시기가 과연 있긴 한 걸까?

너무
착한 사람

"너는 너무 착해서 탈이야."

내가 그 녀석에게 가장 많이 했던 말.
"너는 너무 착해서 탈이야."

바보스러울 만큼 착한 녀석.
학교 다닐 때도
친구들의 무리한 부탁까지 다 들어주면서 늘 당하고만 살더니
연애에 있어서도 녀석은 마찬가지였다.
늘 퍼 주기만 하는 연애.

녀석의 그런 호의를
처음엔 물론 다들 고마워하지만
사람의 마음이란 게 참 간사해서
고마움이 당연함으로 바뀌는 건 시간문제.

"너랑 함께 있으면 너무 답답해."
그렇게 이별이 찾아와도 녀석은 상대를 원망하지 않았다.
오히려 더 잘해 주지 못해 미안했다 말하던 녀석.

회사 생활을 시작한 다음에도
미련스러울 만큼 착한 녀석의 심성은 마찬가지여서
맨날 혼자 야근하고
맨날 혼자 다른 사람들 일까지 떠맡아 낑낑거리고
그러다 일이 좀 어긋나면 그 책임까지도 녀석에게 떨어지고.

옆에서 지켜보는 내가 다 답답할 정도였는데
그런 상황에서도 녀석은 이렇게 말했다.

"그냥 내가 좀 피곤하고 말면 되는 거잖아.
괜히 내 몸 좀 편해 보자고 머리 굴렸다가
계속 마음 찜찜하고 불편한 것보다
난 이게 낫더라."

녀석은 그런 사람인 거다.
너무 착해서 탈인 사람.

'너무'라는 부사는
일정한 정도나 한계에서 지나침을 의미하는 말.
부정을 더 부정해 주는 말로
그 뒤에는 부정적인 상황,
올바르지 않거나 옳지 못한 의미의 단어나 문장이 이어져야 한다.
그런데 '너무 착한 사람'이라.

좀 씁쓸하다.

우리는 지금
그런 시대를 살아가고 있는 건 아닐까.

너무 착해도
너무 곧아도 안 되는 세상.

지나치게 좋은 사람은
좋은 사람으로 인정받을 수 없는 시대를
살아가고 있는 건 아닐까, 하는 생각에.

그럴 수 없었던
나

친구와 내가
참 많이 좋아했던 영화감독이 있다.

지금은 흥행에도 꽤 성공한 제법 알려진 감독이지만
그의 데뷔작은 흥행에도 실패했고
그 영화가 그의 데뷔작이란 것도, 아니 그런 영화가 있었다는 것도
모르는 사람들이 더 많을 정도로 알려지지 않은 영화였다.

하지만 친구와 나는
그의 데뷔작 때부터 열광하며 그를 좋아했다.
항상 그의 다음 작품을 기다리고 기대하고.
잡지 한 귀퉁이에 실린 짧은 그의 인터뷰 기사 하나에도
열을 올리며 많은 이야기를 주고받고 그랬던 것 같다.

그렇지만 몇 해 전부터
그에 대한 나의 관심은 완전히 식어버렸다.
그의 최근작들이 계속해서 내게 실망을 안겨 줬기 때문이었다.

기대가 컸던 만큼 실망도 컸다.
처음 그의 작품에 실망했을 땐
극장을 나오면서 다시는 그의 영화를 보지 않겠다 결심했지만,
다음 작품이 나오면 혹시나 하는 마음에 또 극장을 찾았고,
그때마다 실망은 더해 갔다.

그런데 며칠 전

예전에 나와 함께 그 감독에게 열광했던 친구를 만났는데
친구는 아직도 그 감독이 좋다고 했다.

발끈한 나는
어떻게 아직도 좋을 수 있냐고
우리가 열광했던 그의 모습을 그의 최신작들에선 절대 찾아볼 수 없는데
어떻게 아직도 좋을 수 있냐고 친구에게 물었다.
최근에 나온 그의 작품을 봤냐고
그걸 봤는데도 아직 그가 좋냐고.

그때 친구는 이렇게 답했다.
"아니, 안 봤어.
실망할까 봐. 그가 싫어질까 봐, 아예 안 봤어."

친구의 대답이
처음엔 너무 어이없었지만
다시 생각해 보니 그럴 수도 있겠다 싶었다.
그럴 수 있는 친구가 조금 부럽기까지 했다.

상대의 단점이 전혀 눈에 들어오지 않을 정도로
누군가 그를 욕해도 귀를 막아버리고
혹 그의 단점을 알게 돼도 일부러 모르는 척 외면해버릴 정도로
맹목적인 사랑을 할 수 있다는 것.

그것이 다른 사람들에겐
어이없어 보이고 어리석어 보이는 일일지라도
그럴 수 있다는 것.

부러웠다.
그럴 수 없는, 그럴 수 없었던 내가
그래서 지금 혼자가 아닐까 싶어서.

가장
모모하는?

가끔 이런 친구들이 신기하게 느껴질 때가 있다.
짜장 짬뽕, 물냉면 비빔냉면처럼 무언가를 선택해야 하는 순간
단 1초의 망설임도 없이 바로 대답하는 친구들.
무언가를 선택하고 결정하는 일.
내겐 쉽지 않으니까.

짜장 짬뽕, 물냉면 비빔냉면, 엄마가 좋아 아빠가 좋아.
이런 이지선다형 문제도 쉽지 않은 나에게
정말 정말 어려운 질문이 있으니
그건 바로 '가장 모모한 것은?' 이런 유의 질문이다.

가장 좋아하는 책은?
가장 좋아하는 영화는?
가장 좋아하는 노래는?
가장 좋아하는 음식은?

늘 곤란하다.
그동안 읽은 책들 중에서 좋았던 것이 한두 권이어야지!
각각 다른 매력이 있는 건데
무엇이 더 낫고 무엇이 더 못하고 비교 자체가 안 되는 건데
어떻게 그중에서 딱 한 권을 꼽느냐 말이다.

그래서 가끔은 '가장 모모한 것'이란 질문에
너무나 쉽게 대답하는 사람들을 보면 신기하기도 하고
꼬치꼬치 캐묻고 싶은 마음도 든다.

"정말? 정말 A가 가장 좋아? 그럼 B는?
너 저번에 C도 좋다고 했잖아. A가 좋아 C가 좋아?
정말 네가 가장 좋아하는 게 A 맞아? 다시 한 번 잘 생각해 보라고."

그래서일까.
이렇게 말하는 사람들 또한 난 정말 신기하다.

"이제 와 생각해 보니,
내가 가장 사랑했던 사람은 그때 그 사람이었던 것 같아."

그럼 다른 사람들은?
사랑에도 크기란 게 존재하고 조절이 가능하고 그렇단 말이야?
누군 덜 사랑하고 누군 더 사랑하고 그런 게 가능해?
다 그 순간에는 진심으로 정말 사랑했던 게 아니고?

가장 미련이 많이 남는 사랑.
지금도 이따금씩 종종 가장 많이 생각나는 사랑.
가장 상처가 많았던 사랑.
가장 추억이 많았던 사랑.
뭐 이런 거라면 모르겠지만 '가장 사랑했던 사람'이라….

잘 모르겠다.
우리는 지나간 사랑을 미화시키거나 퇴색시켜
조작된 기억을 간직하게 되는 경우도 많으니까.

그저 이런 마음은 든다.
가장 사랑했던 사람?
그건 잘 모르겠고
'지금' 내가 가장 많이 사랑하는 사람.
그런 사람을 갖고 싶다는 마음.

고속버스

고속버스를 타 본 게 얼마 만인지 모르겠다.
요즘은 웬만하면 승용차로 움직이게 되니까
정 급할 땐 KTX나 비행기를 타곤 하니까.

조금 더 어렸을 땐
차에서도 책을 곧잘 보곤 했는데
책을 펼치자마자 속이 울렁울렁.
바로 덮었다.

창밖이나 구경해 볼까 싶었지만
플라스틱 커튼을 열자마자 쏟아지는 아침 햇살.
눈이 따갑다.

커튼마저 도로 닫고 나니 할 일이 없다.
가방에서 주섬주섬 이어폰을 꺼내 귀에 꽂고 눈을 감았다.
잠이 안 온다.
아침부터 먼 길을 가야 한다는 부담감에
지난밤 일찍 잠자리에 들었더니 잠도 안 온다.
그래도 할 일이 없으니 눈을 뜨진 않는다.

눈을 감고
이어폰에서 흘러나오는 노래 가사를 따라다녀 보는 일도
이내 질린다.

그래서였을까.

내 머릿속 오랫동안 닫혀 있던 서랍들이
제멋대로 마구 열리기 시작한 것.

일탈에 대한 동경을 품고 있었던 학창 시절.
지금 생각해 보면 기억도 안 나는 이유로 가출을 결심.
친구와 고속버스를 타고 바다를 보러 갔다가
하루도 못 견디고 집에 돌아왔던 일.
그래서 아무도 내가 가출했었다는 것을 몰랐던 그 일.

대학 1학년 여름방학 때였나.
방학이라 고향으로 내려간 친구가 갑자기 보고 싶어
연락도 없이 고속버스에 올랐는데
터미널에 도착해 전화를 했더니 친구는 그날 서울에 갔다고 해서
낯선 그 도시의 거리를 홀로 걸었던 일.

시끌벅적했던 엠티 가는 고속버스 안 풍경.

깜깜한 밤 처음으로 차려입은 검은 정장,
아버지를 잃은 친구 생각에 고속버스 안에서 눈물을 훔쳤던 기억.

이런저런 추억들이 마구 뒤엉켜
미소 짓다 심란해하다 그러다 잠이 들었던 걸까.

눈을 떴을 땐
여전히 고속버스의 흔들림이 내 몸으로 전해져 왔다.

여전히 플라스틱 커튼 사이를 비집고
햇살이 들어오려 하고 있었고
여전히 내 귀에서는
음악이 흘러나오고 있었다.

그런데 왜 그때 나는
내 옆자리로 시선을 옮겼던 걸까.
분명 비어 있는 그 자리에
마치 누군가가 있었던 것 같은 느낌.

나는 꿈을 꾼 것일까.
아니면 제멋대로 열리고 있던 내 머릿속 서랍들이
또 한 번 열렸던 것일까.

마치 누군가가 있었던 것 같다.
내 이어폰 한쪽을 나눠 낀 누군가가.
내 어깨에 기대 잠을 자고 있던 누군가가.
이제는 다시 만날 수 없는, 그 누군가가.

이제는 다시 만날 수 없는,

그 누군가가…

굴곡이 심한 거울

굴곡이 심한 거울.

거울이라 함은
있는 그대로의 모습을 비춰야 하는 건데
그 거울은 그렇지 못했다.
울퉁불퉁 지나치게 굴곡이 심해서
그 거울 앞에 서면 자신의 얼굴이 온통 찌그러져 보였기에
남자는 그 거울이 싫었다.

하지만 남자의 부인은
그 거울을 보자마자 한눈에 반해버린다.
그리고 황홀한 미소를 지으며 이렇게 말한다.

"이게 바로 나야!
모두가 거짓말을 해도 이 거울은 그렇지 않아!"

여자가 그 거울에 반해버린 이유.
남자는 거울 속에 비친 여자를 보고서야 알게 된다.
거울 속에는 남자가 한 번도 만난 적 없는,
눈부시게 아름다운 여인이 서 있었으니까.

거울의 굴곡이
여자의 얼굴을 온통 비틀고 변형시켜
우연히도 아름다운 여인의 모습을 만들어냈기 때문이었다.

어떤 소설 속 이야기.

그 소설을 보고 나니 궁금해졌다.
내 진짜 얼굴은 어떻게 생겼을까?

수없이 많은 타인의 얼굴은 내 눈으로 직접 보며 살아가지만,
우리는 죽을 때까지 단 한 번도 내 진짜 얼굴은 볼 수 없다.
거울에 비친 내 얼굴, 사진에 담긴 내 얼굴만을 만날 수 있을 뿐.

하지만 거울마다
내가 좀 더 멋져 보이기도 하고, 못나 보이기도 하고,
날씬해 보이기도 하고, 살쪄 보이기도 하고, 차이가 있다.
사진도 마찬가지.
내가 정말 이렇게 생겼단 말이야?
사진 속 낯선 내 얼굴에 놀랄 때도 많으니까.

그래서 이런 궁금증이 생긴 거다.
'내 진짜 얼굴은 어떻게 생긴 걸까?'

그리고 이어진 또 하나의 궁금증.
'진짜 나란 아이는 어떤 아이일까?'

끝없는 자기 합리화 혹은 자기 비하.
그것이 쏙 빠져버린 진짜 내 모습.
쉽지 않을 것 같다.
그런 진짜 나를 만나는 일.

자기 자신을
객관적으로 바라보고 판단할 수 있는 사람은
그리 많지 않을 테니까.

결국
이렇게 되고 마는 건가

벌써 몇 번째,
같은 줄을 반복해서 읽고 있는지 모르겠다.
안 되겠다, 결국 책을 덮고 영화를 보기로 결정한다.

영화는 이미 30분쯤 흘러갔는데 도무지 무슨 내용인지 모르겠다.
이럴 때 볼 만한 영화가 아닌 거다.
좋은 영화를 그렇게 흘려보내는 게 아까워 정지 버튼을 누르고 만다.

책장으로 다가가 정말 우울할 때 보려고 아껴 뒀던 만화책을 꺼낸다.
열 페이지쯤 읽었을까?
벌써 몇 번이나 푸핫, 웃음을 터뜨릴 만한 장면이 지나갔건만
안 되겠다, 만화책도 다시 책장에 가져가 꽂는다.

질서 없이 제멋대로 꽂혀 있는 책들, 정리하기로 마음먹는다.
부산스럽게 책장 정리를 하고 있는데
무언가를 찾으러 내 방에 들어온 동생이
갑자기 왜 안 하던 짓을 하고 난리야, 라는 눈빛을 던지고 나간다.

갑자기 안 하던 짓을 해서 그런가, 또 이내 질린다.
휴대폰을 찾아 여기저기 연락을 하다 시간이 맞는 친구와 만나기로 한다.
하다 만 책장 정리로 지저분해져 있는 방을 그대로 둔 채
옷을 챙겨 입고 나가려는데
그럼 그렇지, 하는 눈빛으로 동생이 쳐다본다.

친구와의 술자리 역시 별 재미가 없다.

똑같은 패턴의 의미 없는 이야기와 농담만을 주고받다 헤어진다.

어설프게 마신 술에 아쉬움이 들어
편의점에서 맥주 몇 캔을 사
한 손엔 비닐봉지, 한 손엔 휴대폰을 들고 집으로 향하는 길.
휴대폰을 열었다 닫았다. 휴대폰을 열었다 닫았다.
그러는 사이 벌써, 집에 도착해버린다.

문을 열까 말까, 잠시 망설이다 놀이터 쪽으로 발길을 옮긴다.
벤치에 앉아 맥주 캔을 따고 한 모금 마시려는데, 춥다.
추워도 너무 춥다.

'휴….'
내 입에서 흘러나오는 긴 한숨에 입김이 한가득 따라 나온다.
긴 하루를 겨우겨우 끝마쳤건만 결국 이렇게 되고 마는 건가.
휴대폰을 열어 전화를 건다.

"나야….."
한쪽으로 기울어져 있는 우리의 관계가 다시 한 번 증명되는 순간.

"미안해…."
어쩌면 이젠 더 이상
나를 사랑하지 않는 너를 향해 내뱉는, 나의 사과.

엄마
마음

"너, 언제까지 그렇게 살래? 이 좋은 걸 왜 안 해?"

이제 막 결혼을 해서 신혼 재미에 푹 빠져 있을 때는
나를 한없이 안쓰러운 눈길로 바라보며 이렇게 말하던 친구들.
하지만 부부싸움이라도 한번 하고 나면 꼭,

"결혼 빨리해서 좋을 거 하나도 없다?
너는 가능한 늦게 해. 안 하고도 잘 살 수 있으면 안 해도 되고.
나는 네가 정말, 부럽다!"

아니, 나는 가만 있는데 왜들 그러시는지.

언젠가 한번은 라식수술을 한 친구에게
나도 한번 해 볼까 지나가듯 말했는데
만에 하나 발생할 수도 있는 부작용들을 줄줄줄 읊어 주더니만,
"그냥 너는 하지 마. 혹시 모르잖아." 이러는 거다.

너는 했지 않냐,
너는 별 부작용 없이 잘 지내고 있지 않냐,
왜 나는 하지 말라는 건데, 뭐 이런 식으로 따져 물었더니
"혹시 모르잖아. 이게 다 엄마 마음이야."
그러고는 자신의 말이 스스로도 웃겼는지 한참을 웃던 친구.

내가 꼭 결혼을 하고 싶다거나, 라식수술을 하고 싶다, 뭐 그런 건 아닌데
나는 참 그런 유의 이야기들이 싫다.

'내가 해 봐서 아는데.' 이렇게 시작해서
'그러니까 너는 하지 마.' 이렇게 끝나는 이야기들.

모든 일엔 장단점이 있는 거고
모든 일엔 고비도 있고 힘든 점도 있다는 거
나도 모르는 거 아닌데,
'내가 해 봐서 알아. 그러니까 너는 하지 마.'
심지어 본인은 그 일을 하면서도, 혹은 했으면서도 잘 살고 있으면서
'고생문이 훤해. 내가 해 봐서 알아. 그러니까 너는 하지 마.'

나도 안다.
일이 그릇될 수도 있다는 거.
실패할 수도 있다는 거.
지금보다 더 힘들어질 수도 있다는 거.

하지만 그럼에도 그건, 내가 해 봐야 하는 거 아닌가.
실패를 하든 성공을 하든
내가 원하는, 내가 꿈꾸는 것이라면
해 보고 후회를 하더라도 내가 해 봐야 하는 거 아닌가.

많은 사람들이 말렸던 일을 덜컥 저지르고만 친구가 있다.
그 친구의 블로그에는 이런 글이 적혀 있다.
'언제까지 상상만 하고 있을 순 없지 않은가.'

내가 해 봐야 하는 거다.
혹여 나중에 "거 봐. 내가 뭐랬니?" 이런 이야기를 듣게 된다 할지라도
정말 언제까지나 상상만 하고 있을 순 없는 일이니까.

노 잼,
노 스트레스

남자는 아무 죄가 없다.
"잘 지내지?"
다만 툭 그냥 안부를 물었을 뿐인데
"아니 그럼, 내가 못 지내길 바라는 거야 뭐야. 에이 짜증나!"
버럭 화를 내는 여자. 그리고 떠오르는 카피.
'노 잼, 노 스트레스'

어떤 복사 용지 광고.
요즘 나는 그 광고만 보면 웃음이 난다.

"생일 축하합니다!"
깜짝 생일 파티를 열어 주는 후배들에게
"지금 장난해? 나이 먹었다고 놀리는 거야 뭐야. 에이 짜증나!"
버럭 화를 내는 선배.
그 광고의 후속 편 역시 나를 웃게 했다.

누구에게나 그런 순간이 있으니까.
누구든 건들기만 해, 어디 한 명 걸리기만 해!
짜증과 스트레스를 견디다 못해
누군가에게 화풀이라도 하고 싶은 순간.

"괜찮아?"라고 물어오는 상대에게
"안 괜찮으면 어쩔 건데?"
버럭 짜증을 내고 싶을 때.

"무슨 일 있어?"라고 물어오는 상대에게
"왜, 무슨 일 있기라도 바라냐?"
말도 안 되게 꼬투리를 잡고 싶을 때.

물론 소심한 우리들은
일반적으론 그 말들을 차마 입 밖으로 내뱉지 못하지만
속으로는 그런 생각을 할 때, 분명 있다.

반면 이런 순간도 있다.
"힘들지?"
이 한마디에 눈물이 주르륵.
'내가 이렇게 고생하는 거, 힘들어하는 거 알고 있었구나.
알아주는 사람이 있었구나.'
이런 생각에 말도 안 되게,
"힘들지?"
고작 이 한마디에 눈물이 주르륵 흘러내릴 때.

'울 준비는 되어 있다.'
이런 제목의 소설도 있었던 것 같은데
아마도 그때의 나는 준비가 돼 있었던 거 아닐까.

위로받을 준비.
토닥임받을 준비.
울어버릴 준비.

하지만 그런 준비가 다 돼 있는 상태에서도
"힘들지?"
이 말에 눈물은커녕 짜증이 버럭 날 때도 있다.
힘들다면 어쩔 건데? 알면서 왜 물어?
나 힘든 거 다 알면서 그러냐?

결국은 누구냐가 중요한 거 아닐까.

"괜찮아? 무슨 일 있어? 요즘 힘들지?"
이 말을 건네 오는 상대가 누구냐.
그리고 그 말에 얼마만큼의 진심이 담겨 있느냐.

위로를 받고도
걱정 섞인 질문을 받고도
영 기분이 개운치 못한 순간들 또한 종종 있으니까.

넌 왜 슬픈 얘기를
웃으면서 해?

"넌 왜 항상 슬픈 얘기를 웃으면서 해?"

조금은 짜증스러운 말투로
친구에게 물은 적이 있다.

친구는 조금 놀란 듯 내 얼굴을 빤히 바라봤고
잠시 후 다시 웃으며 이렇게 말했다.

"그럼 울면서 하리? 그게 더 짜증날걸?"

늘 웃음을 잃지 않는 친구가 좋았다.
그 친구와 함께하는 시간은 항상 즐거웠다.
누구와 대화를 하든
어떤 주제로 이야기를 나누든
유머를 잃지 않는
그래서 결국은 상대를 웃게 하는 그 친구가 좋았다.

굴곡 많은 자신의 인생을
내 인생은 왜 이렇게 시트콤 같냐며 희화화해서 말하는 친구.
눈물 없인 들을 수 없는 실연담도
결국은 콩트로 재구성해내고야 마는 친구의 탁월한 능력.

그런데 언젠가부터
친구의 그런 화법이 마음에 들지 않기 시작했다.

해도 해도 너무하다 싶을 만큼 고난과 좌절의 연속.
옆에서 바라보는 나까지도 숨이 턱턱 막힐 지경인데
그 상황마저도 웃으며 이야기하는 친구.

너무 속이 상했다.
그래서 조금은 짜증 섞인 말투로 이렇게 물었는지도 모른다.

"넌 왜 항상 슬픈 얘기를 웃으면서 해?"

친구는 그저 웃었다.
"그럼 어떻게 하냐? 맨날 울어?
맨날 힘들다고 죽는소리해? 그게 더 짜증날걸?"
그러곤 또 웃어버리는 친구.

물론 엄살이 심한 사람도 짜증스럽다.
별것도 아닌 일로 세상이 무너진 듯 슬퍼하고
만났다 하면 자기 힘들단 이야기만 하는 사람, 솔직히 짜증스럽다.

그게 엄살이 아니더라도
그래 너 힘든 거 다 안다, 그런 상황일지라도
맨날 힘들다, 힘들다.
솔직히 그런 이야기는 계속 듣는 것도 곤욕이고
듣고만 있어도 같이 우울해지는 것도 사실이다.

하지만 슬픈 이야기를 웃으며 하는 친구의 모습도
난 맘에 들지 않았다.

애써 별거 아닌 듯
애써 아무렇지 않은 듯
애써 다 괜찮은 듯

친구의 밝은 모습이
'애써'의 결과라는 걸 알기에 더 속이 상했던 나.

힘들다는 말.
사람을 참 지치게 한다.

입 밖으로 내도, 입 밖으로 내지 않아도,
지켜보는 사람까지도 지치게 만드는 말.
그런 말인가 보다, 힘들다는 말은.

잘 알지도
못하면서

"너 그 책 봤어?"
국문과를 졸업한 한 친구는, 이 질문이 세상에서 가장 싫다고 했다.
그 책을 안 봤다고 대답했을 때
"너 국문과 나왔잖아?" 이렇게 이어지는 질문.
국문과 출신은 서점에 있는 모든 책을 다 봤을 것 같다는 편견이
너무 싫다는 거였다.

"오빠, 공대 출신이잖아? 에이, 학교 다닐 때 공부 열심히 안 했구나?"
공대를 졸업한 또 한 친구는,
여자친구의 컴퓨터를 고쳐 주다 실패했을 때
이렇게 말하는 여자친구가 몹시 얄미웠단다.

"그거, 그거, 그게 영어로 뭐였더라?"
일상에선 잘 쓰지도 않는 전문용어를 물어봐 놓곤,
'영문과 나와서 넌 그것도 모르냐? 영문과 출신도 별거 없구나.'
이렇게 무시하는 듯한 눈빛을 보내는 상대가
짜증스러웠다는 또 다른 친구.

"한국 사람이라고 국어사전에 있는 우리말 다 아는 거 아니잖아?
아마 그 단어는 미국 사람들 중에도 모르는 사람 많을걸?"
영문과 출신의 친구는 말했다.

"급변하는 현대사회에서 컴퓨터 기술은 또 얼마나 빠르게 진화하는데?
아니 내가 그걸 어떻게 다 아냐고!"
공대 출신의 친구는 또 이렇게 말했다.

"우리나라에서 하루 평균 출판되는 책이
만화 학습지 빼고도 백 권 가까이 된다고.
일 년이면 35만 권 이상이 출판된다는 건데,
아니 그걸 다 볼 수 있는 사람이 세상에 있기는 하겠냐?"
이건 국문과 출신 친구가 흥분해서 했던 말.

어떤 영화에 이런 말이 나온다.

'나에 대해서 뭘 안다고…. 잘 알지도 못하면서.
딱, 아는 만큼만 안다고 해요.'

아마도 그 영화의 마지막 대사였던 것 같은데
그 대사를 듣자마자 뭔가 통쾌한 기분이 들었다.
하지만 잠시 후
영화가 끝나고 엔딩크레딧이 올라가는데
나의 기분은 좀 씁쓸하게 변해 갔다.

'잘 알지도 못하면서.
딱, 아는 만큼만 안다고 해요.'

그렇게만 살아도
아무 문제없는 세상이라면 참 좋으련만
그렇지 않을 때가 참 많으니까.

모르는 걸 모른다고 했을 때
'너 그것도 몰라?'
자신이 알고 있는 건, 당연히 상대도 알고 있으리라 믿는 사람들 또한
세상엔 너무 많으니까.

그들이야말로
잘 알지도 못하면서.

어쨌든 공짜니까
일단 킵!

인터넷으로
물건을 몇 개 고르고 결제하려는 순간, 뜨는 창.

'이 상품에는 사은품이 있습니다. 수령하시겠습니까?'

필요하면 예,
필요하지 않으면 아니요를 클릭하면 된다.
그리고 그 사은품이라는 게 대부분
내게 필요하지 않은 물건일 확률이 높다.

그런데도 나는 잠시 고민하다
꼭 '예'를 클릭하게 된다.
공짜에 눈이 멀어 필요하지도 않은 사은품을 받고
내 방에는 필요하지도 않은 물건들이 쌓여 간다.

이런 유혹도 이기기 힘들다.
"고객님. 십만 원 이상 구입하시면 사은품이 있는데
더 필요하신 물건 없으세요?"

사은품? 이를 어쩐다.
어느새 나는 또 당장 필요하지도 않은 물건들을 더 고르고 있다.

마트에서도 마찬가지.
유통기한 내 다 먹을 수 있을까?
잠시 고민하다가도

원플러스원 혹은 사은품이 딸린 제품을 구입하게 된다.
그렇게 상해 버리는 음식들.
이러다 나 벌받는 거 아니야 싶다가도
나는 또 사은품, 공짜에 현혹된다.

왜 꼭 그렇게 될까?
나한텐 필요하지도 않은 것들을
공짜라면 그저 넙죽넙죽.

아마도 그런 거겠지?
혹시 모르잖아? 혹시 필요하게 될지도. 혹시 다 먹게 될지도.
어쨌든 공짜니까 일단 킵!

그런데 오늘 또 도착한
인터넷 쇼핑 택배 상자 속 사은품들을 바라보고 있자니
이런 생각이 들었다.

공짜라고 넙죽넙죽.
그렇게 받아 챙기고 나 몰라라 했던 것이
내게 물건들뿐이었을까?

혹시 내가
누군가의 마음도
누군가의 배려도
누군가의 호의도 그렇게 넙죽넙죽.

그러곤 나 몰라라.
'공짜라며? 내가 언제 달랬니? 네가 그냥 준 거잖아.'
그러진 않았을까, 하는 생각.

관심

남자는 하루 종일 현미경으로 세균을 들여다본다.
세균.
박테리아를 연구하는 것이 남자의 직업이었으니까.

"그거 알아요?
사람들은 박테리아를 무조건 불결한 것으로만 치부하지만
남녀가 키스를 한 번 할 때마다
약 4만 개의 박테리아를 주고받는다는 거?"

작업용 멘트로 그리 적당해 보이진 않지만
어쨌든 남자는 여자에게 그렇게 말했다.
그리고 현미경으로 여자에게 박테리아들을 보여 준다.

현미경 속 박테리아들은 그다지 불결해 보이지 않았다.
디자이너인 여자는 오히려 그것들이
예쁜 옷감의 무늬처럼 보인다고 말한다.
그리고 이어지는 남자의 말,

"그렇죠?
뭐든지 가까이서 들여다보면 아주 예쁜 법이죠."

그리고 두 사람이 키스를 했는지 안 했는지
그건 잘 기억나지 않지만
영화가 끝난 후에도 그 대사만은 오랫동안 기억에 남았다.
뭐든지 가까이서 들여다보면 아주 예쁘다는 그 말.

여자를 꽤나 좋아하는 한 선배도 이런 말을 했던 기억이 난다.
"10분 이상 가만히 바라봐 봐. 세상에 안 예쁜 여자는 없어."

아주 가까이서 들여다보면.
10분 이상 가만히 바라보면.
이 모든 것이 결국 '관심'의 결과가 아닐까 싶다.

언젠가 한 아이의 엄마가 된 친구에게 물어본 적이 있다.
"정말 아이를 낳으면 저절로 모성애가 생겨?"
그때 친구는 이렇게 대답했던 것 같다.
"고슴도치도 제 새끼는 예쁘다는 말, 나도 안 믿었거든?
근데 내 새끼는 예쁘더라고."

그리고 덧붙이기를,
"아이를 낳는다고 없던 모성애가
어느 날 갑자기 막 생기고 그런 건 아닌 것 같고
하루 종일 아이만 보고 있으니까.
오로지 내 관심이 아이에게만 집중되니까.
결국 그 아이가 특별해 보이고 예뻐 보이고 그렇게 되는 거 같긴 해."

모두 다 똑같은 이야기인 것 같았다.
세상에 예쁘지 않은 사람은 없다는 이야기.
무엇이든 관심을 갖고 애정을 쏟으면 특별해질 수 있다는 이야기.

그렇다면 문제는 지구력인 걸까?
에이 별로야, 쉽게 고개를 돌려버리면
에이 안 돼 안 돼, 쉽게 포기해버리면
그 무엇도 내게 특별해질 수 없는 걸까?

그 관심의 대상이
바로 나 자신이라 할지라도.

뭐든지 가까이서 들여다보면 아주 예쁜 법이다

가진 자의
여유

국내엔 많이 알려지지 않은 좋은 영화를
잘 알고 있고 잘 찾아보는 선배.

선배의 취향과 내 취향은 아주 비슷해서
선배가 추천하는 영화는 거의 실패할 확률이 없었기에
기분 전환을 하고 싶다거나 좋은 영화를 보고 싶을 때면
난 항상 선배에게 물어보곤 했다.

그런데 어느 날 선배가
영화가 아닌 외국 드라마들을 추천하며 이런 말을 했다.

"너 드라마 쪽은 거의 안 봤지?
좋겠다. 아직도 볼 게 많이 남아 있어서! 부러운데?"

아니, 선배도 이미 다 본 작품들인데
내가 아직 그것들을 보지 않았다는 게
부러울 것까진 없지 않냐고 난 되물었고
선배는 웃으며 이런 이야기를 했다.

"이건 조금 다른 얘긴데,
언젠가 교수님이 나에게 '좋겠다, 부럽다.'
이런 말씀을 하신 적이 있어."

선배도 처음엔 교수님의 그 말이 황당했단다.
대학원 박사과정을 밟고 있는 선배 입장에선

선배가 꿈꾸는 모든 것을 이미 이뤘고, 누리고 있는 교수님이
왜 자신에게 부럽단 이야기를 하는지
도무지 이해할 수 없었으니까.

"난 이제 더 이상 하고 싶은 게 없다.
꿈도 없고, 목표도 없고, 의욕도 없고.
그저 지금 정도의 삶만을 유지하면서 살아야겠다.
이런 생각으로 늙어 가고 있는 거지."

교수님의 그 말조차도
처음엔 '가진 자의 여유'처럼 느껴졌다는 선배.
하지만 선배의 나이가 조금씩 그때의 교수님 나이와 가까워지자
그 말이 이해되기 시작했다는 선배.

꿈꿀 수 있는 청춘.
아직 해 보지 못한 것들, 가져 보지 못한 것들이 많아서
해 보고 싶은 것도, 이루고 싶은 것도 많은 청춘이 얼마나 행복한가를.
그리고,
그것들을 하나하나 이뤄 갈 때 느낄 수 있는 기쁨.
무엇과도 비교할 수 없는 그 기쁨들이
아직도 많이 남아 있는 청춘이 얼마나 행복한가를.
이제는 조금씩 알 것 같다는 선배.

나에게도 그런 날이 올까?
문득 궁금해졌다.

그 과정이 비록 무척이나 힘겹다 할지라도
꿈꾸는 청춘을 살아가고 있는 내가 행복하다는
선배의 말, 그 교수님의 말을 이해할 수 있는 날이
과연 나에게도 올까?

시작은
시작일 뿐

"생각만 하지 말고 일단 시작을 해, 시작을!
시작이 반이라는 말, 너도 알잖아?"

물론 안다.
생각만 백날 해 봤자 아무 소용없다는 말에도
물론 동의한다.
그러니까 일단 시작해 봐라, 이 말까지도 납득할 수 있다.
하지만 '시작이 반이다?' 여기서는 고개를 갸웃.
'정말?' 솔직히 의심이 든다.

아마도 많은 사람들의 수학책은 집합 명제 부분까지만 더러울 거다.
아마도 많은 사람들의 다이어리는 1월, 2월까지만 빽빽할 것이며
영어, 일어, 중국어, 프랑스어, 스페인어,
아마도 누구에게나 시작은 해 봤던 외국어가 한 개쯤은 있을 거다.

먼지 쌓인 자전거.
이제는 빨래 너는 용도로 쓰이고 있는 러닝머신.
어딘가에 처박혀 있는 요가 매트.
입은 지 백만 년은 된 것 같은 수영복.
외출용으로 장만했으나
이제는 집에서 뒹굴 때만 입는 제법 비싼 트레이닝복.
아마도 누구에게나 시작만 해 봤던 운동 또한 하나쯤은 있을 거다.

그런데 시작이 반이라니.

그동안 내가 했던 수많은 시작들을 생각해 보면
정말 납득하기 힘든 말이다.
시작은 정말 '시작'일 뿐인 거다.
어쩌면 시작보다 중요한 것은 그다음.

난 가끔 궁금하다.
내 발에 딱 맞는 구두로
왕자와의 사랑을 시작한 신데렐라는 그 후 어떻게 됐을까?
오래오래 행복하게 살았습니다, 전에
그들에게 찾아온 권태기와 잦은 다툼은
어떻게 극복했는지도 알려 줘야 하는 거 아닌가?

무언가를 결심하고
머리에 띠를 맨 채 공부를 시작한 드라마 속 주인공은
어떻게 그것을 이뤄낸 것일까?
'몇 년 후'라는 자막과 함께
합격통지서를 들고 기뻐하는 모습만 보여 주니
중간중간 수도 없이 찾아왔을 포기의 순간을 그는 어떻게 극복했는지
나는 도무지 모르겠다.

시작은 정말 시작일 뿐.
시작, 그다음의 이야기가 나는 궁금하다.

집합 명제 그다음 페이지로 넘어가려면
러닝머신 위의 빨래들을 걷어내려면
매일매일 찾아오는
힘듦, 권태, 게으름을 이겨내려면 도대체 어떡해야 하는 건지.
나는 정말 그다음의 이야기가 궁금하다.

세계 여행

"이게 다 뭐야? 무슨 책을 이렇게 많이 샀어?"

커다란 쇼핑백을 들고 나타난 친구.
그 안에는 책이 가득했다. 그것도 온갖 종류의 여행책들.

"어디, 가려고? 이건 유럽, 이건 아프리카, 이건 남미.
뭐야? 왜 이렇게 갖가지야? 도대체 어딜 가려고?"

친구는 씨익 웃어 보이며 뜸을 들였다.
그리고 말하길,
"세계 여행."

친구는 벌써 회사에 퇴사 의사를 밝혔다고 했다.
지금까지 모아 둔 돈이랑 퇴직금까지 다 합치면
넉넉하진 않아도
얼추 1년은 돌아다닐 수 있을 것 같다며 웃어 보이는 친구.

이게 드디어 미쳤나 싶었다.
우리 나이에? 멀쩡히 다니던 회사를 그만두고? 세계 여행?
아니, 무슨 다른 일을 준비하겠다는 것도 아니고
무턱대고 지금까지 모아 둔 돈 다 퍼부어서 여행을 가겠다고?

"갔다 와선? 아니, 갔다 와선 어떡할 건데?
너 정말 회사에 말했어?
지금이라도 가서 잘못했다고 싹싹 빌고 취소해!"

펄쩍 뛰는 나를 빤히 바라보며 또다시 뜸을 들이던 친구.

"나, 이렇게 살다 죽을까 봐 두려워."

친구는 말했다.
그 날 또한 평소와 다름없이
사무실에서 헉헉대며 일을 하고 있었는데
맞은편에 앉은 선배를 보니 5년 후 나는 저렇게 살고 있을까.
건너편 과장님을 보니 10년 후 나는 저렇게 살고 있을까.
저 멀리 부장님을 보니 20년 후 나는 저렇게 살고 있을까.
갑자기 두려웠단다.

"그냥 그냥 이렇게 살다 죽는 건 아닌가 두려웠어.
그럼 너무 억울할 것 같아서."

그다음은 여행을 다녀온 후 생각해 보겠다 했다.
어쩌면 지금 이 결정을 두고두고 후회하게 될지도 모르지만
그래도 일단 저질러 보고 싶다는 친구.

우리가 스무 살이었다면
아니 적어도 이십 대였다면
친구를 보는 내 마음이 이렇게 불안하진 않았을 것 같다.

근데 정말 이상한 건
친구와 헤어져 집에 오는 길
그 친구가 부럽다는 생각이 들었다는 거다.

'이렇게 살다 죽을까 봐 두려웠다라⋯.'

친구의 말이 계속해서 내 머릿속을 맴돌아서.

금일
휴업

금일휴업.
내 이마에 이렇게 써 붙이고 싶은 날이 있다.

물리적으로도
당장 해내야 하는 일들이 산더미처럼 날 압박해 오고
이런저런 고민 잡념들까지
내 머릿속을 엉망진창으로 헤집고 다니는 날.

금일휴업.
이렇게 선언하고 아무도 날 찾지 못하게
휴대폰 전원을 꺼버리고 싶지만, 그건 쉽지 않은 일.

차를 돌릴까?
꽉 막힌 강변북로에 갇혀 한강을 바라보다
문득 바다가 보고 싶어진 어떤 소설 속 주인공.
하지만 그는 차를 돌릴 수 없었다.
그는 지금 출근하는 길이었으니까.

꼭 그렇게 된다.
휴대폰 전원을 꺼버릴까 싶다가도, 차를 돌릴까 싶다가도,
그 후에 발생할 문제들이 다다다다다다 머릿속을 스치고 지나간다.
그럴 땐 또 왜 그렇게 머리가 잘만 돌아가는지.
휴대폰을 끌까 말까 한참을 망설이다
'이러고 있을 시간에 하자, 하고 말자.'
이렇게 되기 십상이다.

정말 도저히 못 참겠다는 지경에 이르러
누군가 내게 해 줬던
'이기적인 것이 현명한 것임을 잊지 말자'는 말로 나를 합리화하며
휴대폰을 끄게 된다 해도
내 마음 편해지기란 쉽지 않다.

안 그래도 이런저런 고민 잡념들로 엉망진창인 내 머리.
그 사이로 또 하나의 걱정이 빼꼼하니 머리를 내민다.

이래도 되는 걸까?
내일 가서 뭐라고 하지?
지금쯤 사람들이 내 욕하고 있진 않을까?
어차피 내 힘듦만 더 늘어나는 거 아냐?

그게 참 힘들다.
물리적인 것들은 그래도
미룰 수 있는 데까지 미루며 잠시 꺼버리는 일이 가능하지만
마음을 끄는 일, 생각을 끄는 일.

아무리 머리를 비워 보려 애써도
여기서 빼꼼 저기서 빼꼼
소란스러운 머리를 잠재우는 일은 쉽지 않다.

그래서 가끔 묻고 싶어진다.
"너무 고민하지 마, 너만 지친다."
이런 말을 해 주는 상대에게.

그럼 그 스위치가 어디 있는지도 좀 알려 달라고.
마음을 끄는,
생각을 끄는 스위치는 도대체 어디 있냐고.

눈이 좀 천천히
녹았으면 좋겠다

우리 엄마는 눈을 참 좋아하신다.

어린 시절 늦잠을 자도 되는 겨울방학.
아침 먹을 시간도 안 됐는데 엄마가 날 깨우는 건
밤새 눈이 왔다는, 혹은 지금 눈이 오고 있다는 뜻이었다.

"밖에 눈 온다, 얼른 일어나."

그땐 나도 눈이 참 좋았다.
졸린 눈을 비비며 일어나 엄마를 따라 쪼르르 창문가로 달려가
한참을 그렇게 엄마랑 창가에 앉아 눈 구경을 하곤 했으니까.

하지만 머리가 조금 굵어진 이후부턴 난 눈이 좋지 않았다.
차 막히는 것도 싫고
질척질척해진 땅을 조심조심 걸어야 하는 것도 귀찮고
또 눈이 뭐 별거라고
꼭두새벽부터 날 깨우는 엄마가 좀 짜증스럽기도 했다.

"엄마는 눈이 그렇게 좋아?"

"좋지, 얼마나 예쁘냐."

하지만 올해는 해도 해도 너무하다 싶을 정도.
백 년 만의 폭설이란 말이 무색하지 않을 정도로 사방이 그냥 눈, 눈, 눈!

걱정스러운 맘에 집에 전화를 넣었는데
어딜 가신 건지 도통 전화를 받지 않는 엄마.
늦은 저녁에나 간신히 통화가 돼
이렇게 사방이 눈인데 위험하게 어딜 갔다 온 거냐고 조금 화를 냈는데
울 엄마 너무나 천연덕스러운 말투로,

"눈 구경하고 왔지."

그냥 집에 있지!
날도 춥고 그러다 넘어져 어디 다치기라도 하면 어쩌려고!
잔소리를 시작한 내게 엄마는 말했다.

"엄마가 백 살까지 살아도
앞으로 눈 볼 날이 채 50번도 안 남은 건데
아까워서 어떻게 집에만 있니."

갑자기 가슴 한쪽이 욱신.

너무나 당연한 일인데도 우린 가끔 잊고 산다.
우리가 백 살까지 살아도
우리에게 남은 겨울은 고작 몇십 번도 안 된다는 사실.
그리고 엄마에겐 그 남은 겨울이 더 적을 수밖에 없다는 사실을.

눈이 좀 천천히 녹았으면 좋겠다.
이번 주말엔 집에 잠깐 다녀와야 할 것 같으니까.
엄마와 나란히 걸으며 눈 구경을 할 수 있는 기회가
나에게 그리 많이 남아 있는 것 같진 않으니까.

자꾸만 미루게 되는
이유

도시락을 먹을 때
유독 어떤 한 반찬에 선뜻 먼저 손이 가지 않는 이유는
두 가지 중 하나다. 너무 싫어서 혹은 너무 좋아서.

내가 정말 좋아하는 반찬이라
아껴 뒀다 마지막에 먹으려고 남겨 두는 경우도 있으니까.
무언가를 자꾸만 미루게 되는 것이 꼭 싫어서만은 아니란 말이다.

손편지를 써 달라는 그 사람의 부탁을 자꾸 미뤘던 것도
그 사람을 덜 사랑해서가 아니라 너무 사랑해서였다.
그러니까 잘 써 주고 싶고, 그러다 보니 자꾸 미루게 되고.

큰맘 먹고 장만한
나에겐 제법 비싼 그 옷을 자주 입지 않는 이유도 마찬가지.
마음에 안 들어서가 아니라 너무 맘에 들어서.
정말 특별한 날 입고 싶은 그런 마음.

하지만 그렇게 아껴 두고 미뤄 두다 낭패 보는 일도 적지 않았다.

아껴 둔 반찬을 "너 이거 안 먹지?"
친구가 홀라당 먹어버렸을 때.
끝내 편지 한 번 써 주지 못했는데
그 사람이 내 곁을 떠나버렸을 때.
유행이 지나 아껴 둔 그 옷을
이젠 더 이상 입고 싶지 않아졌을 때.

나는 늘 생각했던 것 같다.
'진작 먹을걸. 진작 써 줄걸. 진작 자주 좀 입을걸.'

하지만 그럼에도, 내가 정말 좋아하는 무언가를
자꾸만 미루게 되는 이유 중 하나는 이게 아닐까 싶다.
실망에 대한 두려움.

맛있는 반찬만 쏙쏙 빼먹고 나면
그 후의 식사는 더 이상 즐겁지 않을까 봐 두렵고.
나의 서투른 편지에
그 사람이 실망할까 봐 두렵고.
너무 자주 입다 옷이 금세 낡을까 봐
혹은 내가 너무 빨리 질려버릴까 두려운 마음.

소설가를 꿈꾸는 친구가 있다.

"그럼 쓰면 되잖아."
나는 늘 이렇게 말했던 것 같다.

그런 내게 언젠가 친구는 말했다.
"좀 두려워. 혹시라도 나한테 실망할까 봐.
나란 인간이 사실은 '소설을 쓸 수 없는 인간이었음'을 깨닫게 될까 봐."

어쩌면 핑계로 들릴지도 모를 그 말이
조금은 이해도 됐던 이유.
그건 누구나 마찬가지일 거란 생각이 들었기 때문이었다.

누구에게나
세상에서 가장 두려운 '실망' 중 하나는 이것일 테니까.
나 자신에 대한 실망.

포커
페이스

포커페이스.
상대가 내 속마음을 눈치채지 못하도록 표정 관리를 완벽히 하는 것.

나이를 먹어 갈수록 잘하게 되는 것 중 하나가
이 '포커페이스'가 아닐까 싶다.

싫은 사람 앞에서도
싫지 않은 척, 최선을 다해야 하는 순간이 많아지고
가끔은 마음에도 없는 입에 발린 말들을 늘어놓으며
상대의 눈치를 봐야 할 때도 있고
또 좋아하는 것 앞에서도
나 이거 좋아! 쉽게 말했다간 낭패 보는 일도 많고.

그러니 어른이 되어 갈수록
자연스레 포커페이스를 점점 더 잘하게 되는 우리.

꽤 오랜만에 찾은 나의 모교는 한창 축제 중이었다.
늦은 시간까지 주황색 불빛을 내뿜는 천막, 일일 주막들이 즐비했고
술에 취해 비틀거리는 후배들도 눈에 띄고
말 그대로 젊음이, 청춘이 느껴지는 캠퍼스 풍경.

그때 내 눈에 띈 한 남학생.
걱정 가득한 표정으로 어떤 건물 앞을 계속 왔다 갔다.
그러다 건물 안쪽을 기웃기웃.
뭔가 초조해 보이고 불안해 보이는 모습.

도대체 무슨 사정일까 궁금했는데
잠시 후 나의 궁금증은 완전히 해결됐다.

다른 여자 친구들의 부축을 받으며 건물 밖으로 나온 한 여학생.
그 여학생을 보자마자 달려가는 남학생.

"괜찮아? 정말 괜찮아? 걸을 수 있겠어?
내가 집에 데려다줄까? 정말 괜찮은 거 맞아?"

그 남학생의 초조 불안은, 사랑이었던 거다.
그는 지금, 그녀를 사랑하고 있는 거다.

그래서 걱정되고
그래서 어쩔 줄 모르겠으며
그래서 불안 불안, 초조 초조.

좋을 때다.
웃음이 나오면서도 뭔가 씁쓸해져 오는 마음.

나의 스무 살도 저런 모습이었을까?

나를 잘 모르는
나를 처음 보는 사람조차
단번에 내 마음을 읽을 수 있을 만큼
포커페이스가 전혀 안 되는 그런 모습이었을까,
궁금해진 거다.

아무 계산 없이 누군가를 만나고
아무 계산 없이 누군가를 사랑했던 내 스무 살 시절이,
그리워진 거다.

뜻하지 않은 길을 가다
뜻하지 않은 즐거움을 만나다

친구와 둘이서 유럽 배낭여행을 갔을 때의 일이다.

처음엔 둘 다 바짝 긴장을 해
여행책과 회화책을 손에 꼭 쥐고
혹시라도 길을 잃을까 전전긍긍해 했지만
여행이 끝나 갈 때쯤 긴장이 풀려서였을까.
우리는 길을 잃었다.

영국에서 기차를 잘못 탄 거였다.
한국에서 가져온 여행책에는 나와 있지도 않은
어느 작은 해변 마을에 도착한 우리.

눈앞이 깜깜했다.
당장 오늘 밤 어디서 묵어야 할지도 모르겠고
관광도시가 아니었기 때문인지
그 마을에선 관광객으로 보이는 사람들,
아니 유색인종조차 단 한 명도 눈에 띄질 않았다.

일단 저녁을 해결하기 위해 작은 식당으로 들어갔는데
그곳 사람들도 우리가 신기했는지
흘끔흘끔 우리를 훔쳐보다 눈이 마주치면
깜짝 놀라 재빠르게 고개를 돌리거나 머쓱한 웃음을 지어 보였다.

그런데 참 신기한 건
그곳에서 우리는, 우리가 정말 외국에 나와 있다는 느낌을 처음 받았다는 거였다.

여행책에서 봤던 익숙한 건물과 풍경들은 하나도 없고
관광객은 우리뿐.
정말 낯선, 미지의 세계에 와 있다는 느낌.

저녁을 먹고 해변을 산책하는데
시원한 바닷바람이 두 뺨에 와 닿는 순간
여행 내내 한 번도 느껴 보지 못했던 자유로움이
내 온 마음에, 내 온몸에 퍼져 오는 듯했다.

두 달 동안 유럽 여러 나라를 돌며
유명한 멋진 관광지들도 숱하게 보았지만
여행을 마치고 한국에 돌아온 다음에도 역시
가장 기억에 남는 곳은, 그 마을이었다.

기차를 잘못 타지 않았다면
길을 헤매지 않았다면 만날 수 없었던 마을.

그래서일까.
아직도 가끔씩 그 마을을 떠올려 보곤 한다.

내가 몹시도 길을 헤매고 있단 생각이 들 때면,
이 길이 아니면 안 돼.
이 사람이 아니면 절대 안 돼.
내가 만든 규칙에 내 스스로 얽매이고 있단 느낌이 들 때면,
내가 지금 제대로 가고 있는 게 맞는 걸까?
자꾸만 마음이 불안해 올 때면, 떠올려 보곤 한다.

뜻하지 않은 길을 가다
뜻하지 않은 즐거움을 만날 수도 있다는 걸 알게 해 준, 그 마을을.

실망하면 어떡하지.
상처받으면 어떡하지.
실패하면 어떡하지.

그렇게 주저주저.

여러 번의 실망, 여러 번의 상처, 여러 번의 실패.
그사이 어느덧 나는 겁쟁이로 변해 있었다.

설렘보단, 두근거림보단,
언제나 걱정이 앞서는 겁쟁이로.

설렘보단, 두근거림보단,
언제나 걱정이 앞서는 겁쟁이

"
우리에게는 언제나 내 이야기를 들어줄 누군가가 필요하다
"

키쿠야
聞く屋

일본 여행을 갔을 때였다.
주말이라 제법 북적이는 공원.
그 공원 한쪽 구석에서 키쿠야(聞く屋)를 만난 것은.

간이 의자에 앉아 있는 한 남자.
그 남자 앞에는 작은 입간판이 놓여 있었다.
'키쿠야(聞く屋)'라 적힌 입간판.
우리나라 말로 '듣는 가게'라는 뜻.

듣는 가게?
도대체 무슨 의미일까 궁금했는데
그 아래 적혀 있는 작은 글씨들이 눈에 들어왔다.

'何でもいいです。何でも聞きます。
무엇이든 좋습니다. 무엇이든 듣습니다.'

'듣는 가게'는 말 그대로
무엇이든 들어주는 가게인 듯싶었다.

신기한 마음에 조금 떨어진 거리에 앉아
책을 보는 척
'듣는 가게'를 운영하는 주인아저씨를 관찰하기 시작했다.

그렇게 한 시간.
그런데 조금 이상한 것이

그 한 시간 동안
'듣는 가게'의 주인인 그는, 계속 떠들고 있었다.

사람들이 다가와
'왜 이런 가게를 하게 됐냐. 주로 어떤 이야기를 들어주는 거냐.'
뭐 이런 것들을 물어보는 것 같았고

그때마다 열심히 장황하게도
한참씩 떠들어대던 아저씨.

그래서였다.
이런 생각이 든 것.

저 아저씨가
키쿠야(聞く屋), 듣는 가게를 시작한 이유는
누군가의 이야기를 들어주기 위해서가 아니라
누군가에게 자신의 이야기를 하고 싶어서가 아니었을까 하는 생각.

우리에게는 언제나
내 이야기를 들어줄 그 누군가가, 필요한 법이니까.

나는 지금 이대로가 좋다고!

늦은 아침 TV를 보고 있을 때면 좀 불편할 때가 있다.
아무리 이리저리 채널을 돌려도 반드시 볼 수밖에 없도록
모든 채널에서 쉬지 않고 흘러나오는 각종 보험 광고 때문에.

우리나라 암 발생률이 얼마나 높은지부터
고혈압, 뇌졸중, 심근경색, 치매, 골절 등
우리가 걸릴 수 있는 각종 중증 질환이 얼마나 많은지.
또 교통사고를 비롯한 각종 무시무시한 사고들.
심지어 요즘엔 아이가 유괴됐을 때를 대비한 보험까지 있었다.

당신은 이렇게나 많은 위험들에 노출돼 있으니
미리미리 준비해라. 그렇지 않으면 큰일 난다.

계속해서 광고는 흘러나오고
광고 끝에는 꼭 지금 바로 전화하라며
친절하게 몇 번에 걸쳐 전화번호까지 일러 주니
아직 젊은 내가 보고 있어도, 심지어 이미 몇 개의 보험에 가입돼 있는데도
세뇌교육을 당한 듯 뭐라도 또 가입해야 할 것 같은 기분이 드는 거다.

언젠가 우리나라에 살고 있는 외국인 친구가
그 보험 광고에 대한 이야기를 한 적이 있다.
심각한 질병을 앓고 있는 것은 분명 슬프고 힘든 일인데도
'미리 보험에 들어 놔서 얼마나 좋은지 몰라요!'
환자와 그의 가족들이 해맑게 웃는 게 너무 이상하다는 거였다.
도대체 한국에는 왜 이렇게 보험 광고가 많냐며.

보험.
앞으로 일어날지도 모르는 심각한 상황에
미리 대비책을 마련해 두는 좋은 제도라는 거
미래에 대한 불안을 덜어 주는 제도라는 거 부정하고 싶은 건 아니다.
하지만 아주 가끔은
쉴 새 없이 쏟아지는 보험 광고들에 숨이 턱 막힐 때가 있다.
미래에 대한 불안을 덜어 주기는커녕 오히려 조장하는 느낌이랄까.

미리미리 준비해. 안 그러면 후회한다고.
나중에 정말 큰코다친다니까!

어떤 영화에
자신을 자꾸만 다그치는 여자에게
남자 주인공이 이렇게 소리치는 장면이 있다.

"당신은 왜 늘 계획을 세우라고 하지?
왜 항상 현실을 극복해야 한다고 하지?
나는 지금 이대로가 좋다고!"

물론 미래에 대한 준비, 짜임새 있는 인생 설계, 필요하다.
하지만 가끔은 이런 생각도 든다.
우리는 '항상 뭐라도 해야 한다'는 강박관념을 갖고 있는 건 아닐까.

남들은 다 뭐라도 하고 있는 것 같고
남들은 다 뭐라도 배우고 있는 것 같고
남들은 다 미래를 준비하고 있는 것 같고
그래서 가만히 서 있는 나는 마냥 뒤처지고 있다는 느낌.

사실은 그것도 힘든 건데.
제자리에 서 있는 것도, 제자리를 지키는 것도,
지금 이 순간을 제대로 즐기며 사는 것도, 사실은 참 힘든 건데.

방심

어렸을 때부터 난
상대방이 나와 다를 수 있다는 걸
인정할 줄 모르는 세계에 사는 사람들이
정말 싫었다.

문학 시간.
똑같은 문학 작품을 읽어도
모두 다 다른 감상평이 나올 수 있는 건데
이 시에서 이 단어가 의미하는 바를
오지선다로 골라야 하는 것도 싫었고.

사소하게는
나는 정말 맛이 없어서 맛없다고 안 먹는다고 얘기했는데
이게 얼마나 맛있는 건데
넌 입맛이 왜 그렇게 촌스럽냐고 이야기하는 어른들도 싫었다.

내가 좋아하는 음악이나 영화에 대해서
함부로 얘기하는 사람들.
"어떻게 그런 걸 좋아할 수 있니?"
이렇게까지 말하며 자신들의 취향은
조금 더 우월하다고 생각하는 사람들을 만날 때면
답답하기까지 했다.

심지어 누군가의 연인에 대한 험담을 늘어놓으며
"난 걔가 왜 하필 그 사람을 만나는지 모르겠어."

이런 말을 아무렇지 않게 하는 사람들도 있으니까.

왜 모를까?
우리 모두가 다르다는 걸
다른 취향을 가질 수 있다는 걸 왜 모를까?
왜 인정하지 못하는 걸까?
늘 답답했다.

그런데 얼마 전
내가 무척 좋아하는 영화를 재미없다 말하는 사람을 보면서
'그럼 그렇지. 네가 뭐 영화 볼 줄이나 아냐?'
이런 생각을 하고 있는 내 자신을 발견했다.

이미 나는 너보다
우월한 취향을 갖고 있다는 전제 아래
상대를 낮추보는 듯
내가, 생각하고 있었던 거다.

아차, 싶으며 두려워졌다.
그렇게 되어 갈 수도 있겠구나.

방심하면
조금만 경계를 늦추면
그렇게 되어 갈 수도 있겠구나.
무서웠다.

나는 저렇게 되진 말아야지, 저렇게 살진 말아야지.
결코 닮고 싶지 않았던 모습들.
그런 사람들을 닮아 가지 않는 것 역시
만만치 않은 일인 것만 같아서.

어떤 하루

복수

헤어진 다음,
자신에 대한 나쁜 소문을 퍼뜨리는 소년에게 복수하고 싶었던 소녀는
체력 훈련에 돌입한다.

소년을 만났을 때
순간 올려 차기, 내려찍기 등의 기술로 그를 혼내 주고 싶어
매일 하루도 거르지 않고 맹훈련을 감행한다.

하지만 소녀는
예상치 못한 곳에서 소년과 단둘이 마주쳤을 때
그동안 연마한 기술을 펼치지 못한다.
다만 이 한마디만을 내뱉고 서둘러 등을 돌려 달아나버린다.

"미안해."

어떤 단편소설 속 이야기.

누구나 한 번쯤은 복수를 꿈꿔 봤을 것이다.

날 괴롭힌 누군가에게
날 떠난 누군가에게
내 마음을 아프게 한 누군가에게 복수하고 싶단 생각에
그를 만나면 이렇게 욕해 줄 테야. 상처 줄 테야.
하루에도 수십 번씩 생각하고 머릿속으로 연습도 해 보고.

나 또한 그랬다.
날 떠난 그 사람이 너무나 미웠다.
하지만 우연이라도 그 사람과 마주치게 된다면
난 욕해 줄 수 있을까? 상처 줄 수 있을까?

못 할 것 같다.

내가 그렇게 한다고 해서
달라지는 건 아무것도 없을 테니까.
오히려 그 사람뿐 아니라
나에게도 더 큰 상처만 남기게 될 테니까.

하지만 내가 그렇게 할 수 없는 진짜 이유는 따로 있다는 걸
난 알고 있다.

마음속으로 수백 번
그 사람을 원망해 봐도 미워해 봐도
진짜 내 마음 깊은 곳에 숨겨져 있는 진심은
그게 아닌 거다.

다만 그 사람을 난,
잊지 못하고 있을 뿐.

습관처럼
봄을 타던 녀석

'봄이 이르다 싶었다.
나와 보니 다시 겨울이 심해졌다.
일찍 집으로 돌아와 삼겹살을 실컷 구워 먹고 대청소를 하고
코에 무슨 흰 물질을 발라 보고 사진 한번 찍어 봤다.'

친구의 블로그에 사진이 한 장 올라왔다.

아내와 나란히 코팩을 하고 찍은 사진.
그 사진이 우습기도 하고 행복해 보이기도 해
모니터를 보며 나도 모르게 조금 웃었다.

녀석은 늘 봄을 심하게 탔다.
가을이 남자의 계절이고
봄은 여자의 계절이라고 하던데
녀석은 이상하게 봄만 되면 우울해지곤 했다.

어떤 해는 실연의 아픔 때문에
어떤 해는 군 입대를 앞둔 착잡함 때문에
또 어떤 해는 그냥 습관처럼 봄을 타던 녀석.

넉넉하지 않은 가정 형편.
항상 힘들기만 했던 녀석의 사랑.
힘들게 공부하고 힘들게 사랑하고 힘들게 이별하고.
녀석의 삶은 늘 팍팍해 보였다.

그랬던 녀석이 취업을 하고
우리 동기 중 가장 먼저 결혼을 했다.

작년 봄,
문득 녀석 생각이 나 문자를 보냈다.

'신혼의 봄은 어떠냐?'

그때 녀석은 이렇게 답장을 했다.

'행복한 봄이 좀 어색하구나.'

오늘 친구의 블로그를 보고 그때 생각이 났다.
아마도 녀석이 마지막에 덧붙인
이 말 때문에 더 그랬던 것 같다.

'몇 년 전에 비해 크게 달라진 점 중 하나는
봄이 무척이나 좋아졌단 것이다.'

이제 녀석은 행복한 봄이 어색하지 않나 보다.
삼겹살을 구워 먹고 대청소를 하고
아내와 나란히 누워 코팩을 하면서 행복한 봄을 기다리고 있을 녀석.

녀석이 조금 부러워진다.
그리고 이어
내 마음의 온도가 조금 올라간 느낌.

겨울이 지나면 봄이 오는 자연의 섭리처럼
힘든 시간이 지나면
그렇게 행복한 봄이 어색하지 않은 시기도 찾아온다는 인생의 섭리가
새빨간 거짓말만은 아닌 것 같아서.

사람들은 모두
조금은 다른 내일을 위해 바쁘게 살고 있는 것 같고
조금씩은 다른 모습으로 한 발짝씩
움직이고 있는 것 같은데
나만 정체돼 있는 느낌.
나만 제자리걸음인 듯한 느낌.

하지만 어제와 같은 오늘을 산다는 것이
꼭 나쁜 것만은 아니지 않을까.
남들 눈치 보느라
나에겐 별로 필요하지도 않은 변화를 위해
무리하게 나를 다그칠 필요는 없는 거 아닐까.

"난 당신이 행복해지길 바라."

나는 내 자신에게
이렇게 말하고 싶다.

스스로 행복하다 느끼는 내가 되고 싶다

―

어제와 같은 오늘을 사는 나이든
어제와 다른 오늘을 사는 나이든
내가 만족하는 나.
내 스스로 행복하다 느끼는 나.
그런 내가 되고 싶다.

동전
던지기

내 귀가 이렇게 얇았나?

요즘 그런 생각이 든다.
결정을 해야 하는 순간은 다가오는데 마음을 정하지 못해 갈팡질팡.

주변 사람들에게 조언을 구하기 시작했는데
이 사람 얘길 들으면 이 사람 이야기가 맞는 것 같고
저 사람 얘길 들으면 저 사람 이야기가 맞는 것 같고.

내 귀가 이렇게 얇았나?
내가 이렇게 우유부단한 사람이었나?
그런 생각들까지 더해져 머리가 더 복잡해져버렸다.

해야 하나 말아야 하나.
질러야 하나 참아야 하나.
하루에도 수십 번씩 마음이 왔다 갔다.

그러다
나는 도대체 왜 이렇게 우유부단한 거야!?
그렇게 또 괴로워하기.

어쩌면 내 마음이
정말 반반이기 때문인지도 모른다.

49 대 51.

단 1%라도 한쪽으로 기울어져 있다면
그편 들어주는 사람들 말이 조금 더 솔깃할 텐데
사실 누군가에게 고민을 토로할 때는
자기 안에 이미 답이 있는 경우가 많은데

내가 지금
이 말에 흔들리고 저 말에 흔들리는 이유는 아마 그 때문일 거다.
내 마음이 정말 반반이기 때문에.

그런데 오늘
내 사정을 쭉 들은 한 친구가 이렇게 말했다.

"야, 그냥 동전 던지기로 결정해!
내가 어떤 만화에서 봤는데,
고민만 하고 있어 봤자 아무것도 변하는 건 없대.
애당초 인간의 고민이란 건 아무리 생각해도 답이 없는 거니까."

어쩌면 그 말이 정답일지도 모른다.

어떤 선택을 해도 후회는 남을 테고
이렇게 고민하면서 시간만 끄는 것보단
뭐든 빨리 결정해서 시작하는 게 나을 테니까.
그래야 그 길이 아니다 싶으면 다시 돌아 나올 여유도 생길 테고.

그래, 동전 던지기야!

근데 그 순간, 난 또 다른 고민에 휩싸였다.
어떤 걸 앞면으로 하고 어떤 걸 뒷면으로 하지?

아, 내가 이토록 우유부단한 인간일 줄이야!

실망하면
어떡하지

서점에 가서
내 돈으로 처음 만화책을 샀던 것은
고등학교 1학년 때였다.
만화방에서 한 번 보고 마는 걸론 너무 아쉬워서
처음으로 샀던 만화책.
그건 완결되지 않은 것이었다.

그 후 두 달 혹은 석 달에 한 번꼴로 나오는
그 만화책의 다음 권을 기다리는 건
괴로우면서도 무척 즐거운 일이었다.

'슬슬 다음 권이 나올 때가 됐는데?' 매일 서점을 기웃거리기.
'오늘도 안 나왔네.' 체념하고 집으로 돌아가 1권부터 다시 읽기.
'아, 도대체 왜 안 나오는 거야!' 그러다 혼자 버럭 하기.

그렇게 혼자 아등바등하다
어느 날 서점에 꽂혀 있는 다음 권을 발견했을 때의 쾌감!
애타게 기다렸던 만큼
비닐을 벗겨낼 때의 그 두근거림은 정말이지 짜릿했던 기억!

기다렸던 만화책의 다음 권.
기다렸던 감독의 다음 영화.
기다렸던 작가의 다음 책.
기다렸던 뮤지션의 다음 앨범.

언제나 내게
설렘과 두근거림을 안겨 줬던 존재들.

며칠 전, 기다렸던 뮤지션의 새 앨범을 만났다.
지난 앨범에 대한 만족도가 워낙 컸기에
앨범을 보자마자 냉큼 집어 들었는데
비닐을 벗겨내고 CD 플레이어에 CD를 집어넣기 직전,

'실망하면… 어떡하지?'

내가 이런 생각을 하고 있는 거다.
그리고 이어 고등학교 시절 두근두근 입꼬리가 올라간 상태로
새로 나온 만화책의 비닐을 벗겨내던 내가 떠올랐다.

그때의 나는 그런 생각 따윈 하지 않았는데
마냥 설레고 마냥 즐겁고 마냥 두근거렸을 뿐인데.
갑자기 조금 씁쓸해져버렸다.
도대체 내가 언제 이렇게 부정적인 인간으로 변해버린 걸까.

실망하면 어떡하지.
상처받으면 어떡하지.
실패하면 어떡하지.

그렇게 주저주저.

여러 번의 실망, 여러 번의 상처, 여러 번의 실패.
그사이 어느덧 나는 겁쟁이로 변해 있었다.

설렘보단, 두근거림보단,
언제나 걱정이 앞서는 겁쟁이로.

나쁘지 않아

"나쁘지 않아."

누군가 내게
오늘 본 영화가 어땠냐고 묻는다면 나는 그렇게 대답할 것 같다.
말 그대로 나쁘진 않았으니까.

하지만 극장을 나서며 이런 생각이 들었다.
요즘 영화들은 왜 이렇게 다들
반전 콤플렉스에 시달리고 있는 거지?

영화는 처음부터 거의 끝날 무렵까지 무난하게 잘 흘러갔다.
나름 재미도 있고 감동도 있고 정말 나쁘지 않았다.
하지만 결론에 다다랐을 때의 마지막 반전은 좀…
어이없음을 넘어 허탈했을 정도랄까.

그냥 뒤도 됐을 텐데 왜 굳이 저런 반전을?
이런 생각이 들었던 거다.

언젠가부터 반전이 없는 영화나 드라마는
시시한 취급을 받고 있는 것만 같다.

그래서 죽은 줄 알았던 주인공이 자꾸 다시 살아나고
아무도 예상치 못했던 사람이 범인이나 귀신으로 밝혀지고
알고 보면 이복 자매, 멀쩡했던 주인공이 불치병 환자로 돌변하기.
반전에 반전에 반전을 거듭하는 영화와 드라마들.

반전이 있어 좋은 영화도 있지만 반전이 없어도 좋은 영화.
아니 반전이 없었어야 더 좋았을 영화도 많은데
왜 이렇게 다들 반전! 반전! 반전에 목을 매는 건지.

반전에 목을 매는 건 꼭 영화만이 아니다.

'너무 지루해. 따분해. 시시해.
내 인생은 왜 이렇게 밋밋할까?'

누구나 한 번쯤은
내 인생의 반전을 꿈꿔 보지 않았을까?

그것이 복권 당첨일 수도 있고
멋진 이성과의 만남일 수도 있고
정말 불가능해 보이는 무언가를 이루는 것일 수도 있고

기적! 반전!
이런 것들에 목말라하는 우리.

그런데 문득 이런 생각이 들었다.

"나쁘지 않아."
이 말처럼 산다는 것도 실은 정말 힘든 거 아닐까?
"정말 좋다, 너무 좋아."
이런 말들만 하고 살 수 있다면 더할 나위 없이 좋겠지만
사실은 그렇지 못한 날들이 더 많으니까.

'오늘 하루, 뭐 나쁘진 않았어.'
이렇게 하루하루를 마감할 수 있다는 것도
정말 나쁘지 않다는 생각.

인연

아끼던 시계를 고속도로 휴게소에서 잃어버렸다.
찾을 수 없을 거라 생각했다.
그 시계를 찾으러 휴게소까지 다시 갈 수도 없는 노릇이고
다시 간다 해도 휴게소 유동 인구가 얼만데.
벌써 누군가 주워 갔겠지, 싶었다.

근데 찾았다.
"너 혹시 시계 잃어버렸냐?"
친구에게서 걸려 온 전화.
휴게소 화장실에서 그 시계를 봤을 때
얼마 전 내가 시계 자랑하던 생각이 나더란다.

거짓말 같은 우연에
"신기하죠? 진짜 신기하죠?"
잔뜩 흥분된 어조로 어떤 선배에게 말했는데,
"뭐 인연이었나 보지. 너랑 그 시계랑."
너무 시큰둥한 선배의 반응.

근데 그 시큰둥한 선배의 말이
이상하게 그 후로
내가 무언가를 잃어버릴 때마다 떠올랐다.

한번은 북한강에서 제트스키를 타다 선글라스를 물에 빠뜨렸는데
서울로 돌아오는 길 선배의 그 말이 떠오르면서,
'정말 그 선글라스와 내가 인연이라면

그 선글라스가 남쪽으로 남쪽으로 떠내려와
우연히 내가 한강 공원을 산책하다 찾을 수 있게 되지 않을까?'
이런 말도 안 되는 상상까지 해 보곤 했다.

그런데 얼마 전 TV를 보다, 선배의 그 말과 비슷한 이야기를 듣게 됐다.
짝사랑 중인 여자 주인공에게 어떤 할머니가 말했다.

"너무 속 끓이지 마라.
인연이라면 그렇게 속 끓이지 않아도 잘될 것이고
인연이 아니라면 아무리 속 끓여도 안 되는 법이니까."

정말 그런 걸까.
인연이라면, 만나야 할 사람이라면,
어떡해서든 만나지게 되는 법인 걸까.

그렇게 생각됐던 사람이 있었다.

계속되는 우연, 자연스러운 만남.
모든 상황이 그 사람과 내가 사랑할 수밖에 없도록 흘러갔다.
운명 같았고 정말 내 인연 같았던 사람.

하지만 지금 그 사람은 내 곁에 없다.
그렇다면 그 사람과 나는 인연이었던 걸까, 아니었던 걸까.
어떡해서든 만나지게 되는 것이 인연이라는데
그 인연이란 것에도 끝은 존재하는 걸까.

거기까지 생각하고 나니, 나는 좀 슬퍼지고 말았다.

결국 그렇게 돼버릴 것을
결국 그렇게 끝나버릴 것을
그 사람을 운명이라 착각하게 했던 '인연'이란 녀석이 미워지면서.

그 사람과 나는　　인연이었던 걸까

인연이란 것에도

아니었던 걸까

끝은 존재하는 걸까

후회

"혹시 너희도 그런 적 있어?
잘 자고 일어났는데 갑자기 몇 년 전 내가 했던 행동이 생각나
막 부끄러워질 때."

뜬금없는 친구의 질문.

자신에겐 종종 그런 일이 있다고 했다.
상대는 이미 그 일을 까맣게 잊고 지낼지도 모르는데,

내가 왜 그때 그런 말을 했을까.
내가 왜 그때 그런 행동을 했을까.
상대는 나의 그랬던 모습을 어떻게 기억하고 있을까.

갑자기 너무 부끄럽고 두려워서
가끔은 상대를 찾아가 정말 그럴 수만 있다면
나에 대한 그 기억을 싹 지워버리고 오고 싶다는 거였다.

글쎄, 나도 그럴 때가 있나….
잠시 내 기억을 되짚어 보고 있었을 때
다른 친구가 먼저 입을 열었다.

"난 오히려 반대인 것 같은데?
오히려 그때 왜 안 했을까. 왜 참았을까. 일단 저질러 볼걸.
그런 생각을 더 많이 하는 것 같은데?"

그때 내가 그 사람의 손을 잡았더라면
그때 내가 그 사람에게 소리라도 치고 화라도 냈더라면
오히려 이런 생각을 더 많이 한다는 다른 친구의 이야기.

두 친구의 이야기가 잦아들 때쯤 나를 향한 시선이 느껴졌다.
'넌 어때?'라고 묻는 그들의 시선.

글쎄, 나는 어떤 스타일의 사람일까….
일단 저질러 보고 후회하는 스타일?
아니면 너무 참아서 후회하는 스타일?

잘 모르겠다.
근데 이런 의구심은 들었다.
일단 저질러버리고 '내가 왜 그랬을까' 하는 후회와
너무 참은 다음 '내가 왜 못 했을까' 하는 후회 중
무엇이 더 큰 후회고
무엇이 더 큰 창피함과 두려움을 남길까?

그 또한 잘 모르겠다.
다만 이런 생각은 든다.
저질러도 후회. 참아도 후회.
후회하지 않는 삶이란 이토록 어렵구나, 하는 생각.

칫솔질

무슨 일인지 틈만 나면 칫솔질을 했던 여자.
마당 가운데 수돗가에서
흰 치약을 많이 묻혀
아주 오랫동안 칫솔질을 했던 여자.

어떤 소설 속에 등장하는 여자다.

이 소설의 주인공은
여자가 왜 그렇게 틈만 나면 칫솔질을 해대는지
처음엔 알지 못한다.

아주 나중에야 알게 된다.
여자는 칫솔질을 하며 울고 있었다는 걸.
누구에게도 들키고 싶지 않아
아니 누구에게도 들켜선 안 됐기에
흰 치약을 많이 묻혀 아주 오랫동안 칫솔질을 하며
울고 있었다는 걸.

꽤 오래전에 봤던 그 소설이
불현듯 오늘 아침 다시 생각났다.

지난밤 술을 너무 많이 마셨나 보다.
점심때가 돼서야 일어난 내가 방문을 열고 나왔을 때
거실에 앉아 TV를 보고 있는 아버지와 동생의 모습이
부엌에서 식사를 준비하고 있는 어머니의 모습이 눈에 들어왔다.

냄새만으로 알 수 있다.
어머니는 지금 북엇국을 끓이고 계신다.
못난 자식을 위해 북엇국을 끓이고 계신 어머니.

느낌만으로 알 수 있다.
아버지와 동생은 애써 나를 신경 쓰지 않는 척
TV를 보며 웃고 있다.
나에 대한 어떤 관심이나 질문도
결국은 상처가 될 거라는 걸 알고 있는 거다.

또 한 번의 실패, 또 한 번의 아픔.
그것이 지난밤 나를
술에 취하게 한 건 사실이지만 울게 하진 않았다.

"일어났니? 어서 씻고 밥 먹어라, 북엇국 끓여 놨다."

어머니의 말에
무뚝뚝하게 고개만 까딱하곤 화장실로 들어온 나.
칫솔에 치약을 짜려는 순간
꽤 오래전에 봤던 소설 속 여자의 모습이 떠올랐다.
누구에게도 들키고 싶지 않아
아니 누구에게도 들켜선 안 됐기에 칫솔질을 하며 울던 여자.

오늘은 나에게도
칫솔에 하얀 치약을 많이 묻혀
오랫동안 칫솔질을 하고 싶은 날이다.

그렇게 한참을 서서 나는,
오랫동안 이를 닦았다.

어떤 하루

웬만해선
화가 나지 않는다

나는 이제 정말
어른이 되어 가고 있나 보다 느껴지는 순간이 있다.

예전 같으면
불같이 화가 날 일에도 마음이 고요할 때.
예전 같으면
무척이나 아파했을 만한 일에도 마음이 고요할 때.
예전 같으면
도저히 이해할 수 없었을 타인의 말이나 행동 앞에서도
짜증이 나지 않을 때.

한때는 드라마 속 악역들에게조차 파르르했던 나.
주인공을 괴롭히고 못살게 구는 악역들이 너무 싫어서
그 역을 맡은 배우에게는 아무 잘못이 없다는 것을 알면서도
'원래 그런 면이 있을 거야.
그렇지 않고선 저렇게 연기가 자연스러울 수 없어.'
괜히 이런 식으로 합리화까지 해 가며
그 배우에게도 곱지 않은 시선을 던지곤 했던 나.

하지만 요즘의 나는 전혀 그렇지 않다.
요즘의 나는, 웬만해선 화가 나지 않는다.

나도 한때는 감정의 기복이 꽤나 커서
나뿐 아니라 내 주변 사람들에게 조금만 안 좋은 일이 생겨도
화가 나고 답답해서 어쩔 줄 몰라 했던 것 같은데,

나도 한때는 사소한 불의에도 파르르 떨며
어떡해서든 그 상황을 고쳐 보려 애썼던 것 같은데,
요즘의 나는 전혀 그렇지 않다.

어쩌면 그런 변화는
화를 내봤자 짜증을 내봤자 답답해해 봤자
아무 소용없는 일도 세상엔 많다는 걸, 알아 가면서부터였는지도 모른다.

내 힘으론 도저히 해결할 수 없는 일들.
그 일들 앞에서 답답해하고 화를 내다 좌절하는 일도 늘어나면서
어느 순간에 이르러서는
어차피 안 되는 일, 괜히 힘 빼지 말자.

오히려 사소한 일에도 파르르 떠는 사람들을 보면
미숙한 사람으로 느껴졌달까.
어쩌면 나는 '웬만한 일에는 화가 나지 않는 것'이
성숙해지는 과정,
어른이 되어 가는 과정이라 생각했는지도 모른다.

그런데 얼마 전 이런 글을 읽었다.

'정신분석의 최종 목표는
과도한 마음의 고통을 일상적인 고통 수준으로 바꾸는 것이다.
지나치게 초탈해지는 것은
또 다른 정신적인 문제일 수 있기 때문이다.'

웬만한 일에는 화가 나지 않는 것.
웬만한 일에는 아프지 않은 것.

그것은 내가 성숙해져서가 아니라
고통과 불행에 지나치게 익숙해졌기 때문은 아닐까.

어쩌면 나는 어른이 되어 가고 있는 것이 아니라
그저 포기가 빠른 인간이 되어 가고 있는 건 아닐까.

내가 뭘 어떻게 할 수 있겠어.
어차피 말해 봤자
어차피 내가 파르르 화내 봤자 뭐 달라지겠어?
그냥 서로 빈정만 상하고 말겠지. 상황만 더 나빠질 거야.
에이 몰라 귀찮아. 그만 고민하자.
그만 내가 포기해버리고 말자.

솔직히 이런 마음이 전혀 없었다면 거짓말일 테니까.

그래서 가끔은 좀 두렵다.

좀처럼 화가 나지 않는 나.
사소한 불의마저도 자꾸만 모른 척, 다 이해하는 척.
그렇게 넘겨버리는 내가,
혹 아주 큰 불의 앞에서도
끝없는 이해심으로 혹은 끝없는 귀찮음으로
그 상황을 외면해버리진 않을까 싶어서.

나의
무용담

'만약 시간을 되돌릴 수 있다면?'

언젠가 술자리에서
이런 주제로 시간을 때운 적이 있다.

첫사랑과 한참 열애 중일 때부터
고3 때로 돌아가면 절대 이 과를 선택하지 않았을 거다,
학교도 안 가도 되고, 돈도 안 벌어도 되는
정말 먹고 자고 놀고 그것만 하면 되는 어린 시절로 돌아가고 싶다 등.
다양한 대답이 속출하고 있는 가운데
한 친구가 아주 진지한 표정으로 이렇게 말했던 기억이 난다.

"너희 정말 돌아가고 싶어?
그 끔찍한 학창 시절과 고3.
그 치열하고 힘들었던 이십 대로 정말 돌아가고 싶어?
그 개고생을 처음부터 다시, 정말 하고 싶단 말이야?"

마냥 행복하기만 했던 시절.
물론 없었던 것 같긴 하다.
어떤 나이건 어떤 상황이건
나름의 고민과 힘듦, 불평은 당연히 존재할 수밖에 없으니까.

"나는 가끔 그 시절들을 잘 견뎌낸 내가 기특하고 자랑스러워.
그래서 지금이 좋아.
지금도 물론 견뎌내야 할 문제들이 천지긴 하지만."

친구는 말했다. 그리고 덧붙이기를,

"물론 또 10년 후로 훌쩍 건너뛰기 바라냐면 그것도 싫고.
그냥 지금이 딱 좋아."

어떤 영화에
괴로운 학창 시절을 보내고 있는 열다섯 소년이 등장한다.

"나는 가끔 스무 살까지 자면서 지나가기를 바라곤 해요.
이 지겨운 학창 시절과 모든 걸 건너뛰길 바라죠."

그때 소년의 곁에 있던 어른은
어떤 유명한 작가의 이야길 들려준다.

"그는 완전한 패배자였어.
한 번도 제대로 된 직업을 가져 본 적 없고
아무도 읽지 않는 책을 쓰느라 20년을 보냈지.
하지만 그는 인생의 막바지에 이런 결론을 내려.
자신이 고통받았던 날들이 자기 인생의 최고의 날들이었다고.
지금의 자신을 만든 시간들이었으니까."

그리고 덧붙이기를,

"네가 스무 살까지 잠만 잔다면
네가 놓칠 고난의 시간들을 생각해 봐.
너에겐 으뜸가는 고난의 시간들일 텐데 말이지."

나는 사실
과거, 혹은 현재의 고난이
미래의 행복을 보장한다고는 생각하지 않는다.

하지만 그 시간들이
내가 감내해야만 하는
반드시 거쳐야만 하는 시간들이라면
그건 또 어쩔 수 없는 거란 생각은 한다.

일단 시간 여행은
어차피 공상영화에서나 가능한 일이니까.

그리고 확실한 것 하나는
그 고난의 시간들이 훗날 나의 무용담이 되어
술자리의 제법 맛있는 안주로 사용되긴 할 테니까.

내가 할 수 있는 일조차 자꾸만 미루고 있는 건 아닐까

―

어떤 드라마였던 것 같은데
별 쓸모도 없어 보이는 발명품들을
계속 만들어내는 주인공에게 누군가 묻는다.

"도대체 그걸 왜 하는 건데?"

주인공은 답한다.

"그냥 내가 할 수 있으니까."

내가 할 수 있는 일.
나는 얼마만큼이나 하면서 살고 있는 걸까?

내게 재능이 있어도
내가 정말 원해도
그것을 할 수 없는 사람들도 너무나 많은 세상.

그 안에서 나는 지금
시답잖은 불평, 시답잖은 핑계만
늘어놓으며 살아가고 있는 건 아닐까?
부끄러웠다.
내가 할 수 있는 일조차 자꾸만 미루고 있는 내 자신이.

양말
한 짝

또! 양말 한 짝이 사라졌다.
나는 정말이지 양말 한 짝을 잘 잃어버리는 인간이다.

정말 이상하다.
내가 밖에 나가서 아무 데나 양말을 휙휙 벗어 두고 오는 것도 아니고
그럼 분명 우리집 어딘가에 나머지 한 짝들이 있어야 할 텐데
왜 내 양말 상자엔
이토록 한 짝밖에 남지 않은 짝짝이 양말들만 수북한 건지.

양말 한 짝은 우산만큼이나 미스터리한 존재다.
그렇다.
나는 양말 한 짝만큼이나 우산도 잘 잃어버리는 인간이다.

그동안 내가 산 우산들만 해도 수십 개는 될 터이고
"비싼 우산 들고 다니면 안 잃어버릴 거야."
우산을 잘 잃어버리는 나를 위해
그 사람이 선물해 준 비싼 우산까지 결국 잃어버리고 말아
진땀을 뺐던 기억.

언젠가 또 하나의 우산을 잃어버리고
싸구려 우산이라도 하나 사려고 편의점에 들어갔는데
우산이 없었다.
다 팔렸다는 거였다.
그 옆 편의점도 마찬가지였다.

나만큼이나 우산을 잘 잃어버리는 사람들이 꽤나 많은 건지
비 오는 날 편의점, 지하철역 등에서 우산을 사는 사람들은
언제나 너무 많다.
근데 또 비 오는 날 집에서 나가려고 보면 쓸 만한 우산이 없다.

그러고 보니 '잃어버린 우산들의 도시'라는 제목의
단편소설을 본 기억도 난다.
나만큼이나 우산을 잘 잃어버리는 사람들이 정말 많은가 보다.

질량 보존의 법칙, 에너지 보존의 법칙,
아무튼 학창 시절 배웠던 각종 보존의 법칙들을 떠올려 보면
잃어버린 양말 한 짝들과 우산들이
이 세상에서 완전히 사라져버렸을 리는 없을 테고
분명 어딘가에 있긴 할 텐데
도대체 걔네들은 지금 다 어디에 있는 걸까?

정말 '잃어버린 양말 한 짝들의 도시', '잃어버린 우산들의 도시'가
어딘가에 존재하는 건 아닐까?

짝이 맞는 양말을 찾기 위해
한참을 양말 상자 앞에 쭈그리고 앉아 뒤적뒤적.
그러다 지쳐 짜증이 나 멍하니 앉아 있는데
문득 이런 생각이 들었다.

그동안 내가 잃어버린 양말 한 짝들.
그동안 내가 잃어버린 우산들.

그리고 내가 잃어버린 사랑들은
도대체 지금 어디에 있는 걸까, 하는 생각.

내 인생엔 어떻게 공짜가 없어, 공짜가!

우연의 남발.
가끔 드라마를 보다 짜증이 날 때가 있다.

'뭐야. 또 우연히 다시 만난 거야?'

도서관에서 우연히 만난 여자를 카페에서 또 만난다.
운동하러 한강에 갔는데 또 있다.
심지어 비행기 타고 해외여행 가는데 그 비행기 안에서 또 우연히 만난다.
말도 안 돼!

하지만 그 드라마에 흠뻑 취해 있는 내 친구는 이렇게 말한다.
"뭐가 말이 안 돼. 운명인 거지, 운명!"
드라마 폐인은 멀리 있지 않았다.

근데 내 주위에
그렇게 특정한 한 사람과 우연히 계속 다시 만나지는 건 아닌데
희한하게 어딜 가나
우연히 아는 사람을 잘도 만나는 선배가 있긴 하다.

카페에서 함께 차를 마시고 있다가
선배의 대학 후배가 와서 인사를 한 적도 있고,
술집에서 함께 술을 마시고 있다가
선배의 옛 직장 동료를 만난 적도 있고,
또 한 번은 함께 여행을 갔는데
거짓말처럼 그 여행지에서 선배의 옛 연인을 만난 적도 있다.

정말 신기했다.
고등학교 동창이나 옛 연인을 우연히 다시 만나는 경험.
다들 한 번쯤은 해 봤다고 하는데
이상하게 나에겐 그런 우연이 한 번도 찾아온 적 없었으니까.
심지어 가까이 사는 친구조차도
오가다가 마주칠 법도 한데
꼭 전화를 하고 약속을 잡아야만 만날 수 있었던 나.

그래서 가끔은
그 선배의 빈번한 우연이 좀 샘이 나기도 했다.

어떻게 내 인생에는 공짜가 없어, 공짜가!
이런 생각이 들어서.

우연이라도 한 번쯤
다시 만나고 싶은 사람이 있었다.

그 사람의 동네.
그 사람과 자주 찾던 장소.
그 사람이 유난히 좋아했던 곳들까지.
꽤 여러 번 기웃기웃거렸던 것 같은데 이상하게 만나지지 않았다.

멀리서 닮은 뒷모습을 보고
두근거리는 마음으로 쫓아가기도 여러 번.
늘 그 사람이 아니었다.

'뭐가 말이 안 돼. 운명인 거지, 운명!'
드라마 속 우연의 남발을 두고 운명이라 말했던 친구.
그렇다면 나와 그 사람은
그저 운명이, 인연이, 아니었던 걸까?

어떤 하루

잘 모르겠다.
다만 이런 생각은 든다.

내 인생엔 어떻게 공짜가 없어, 공짜가!

운명이 아니더라도
인연이 아니더라도
꼭 한 번쯤은 우연이라도 다시 만나고 싶은, 그 사람이었으니까.

선물받은 책

'우리가 서로 알고 지낸 지 벌써 4년이 됐구나.
계속 우린 변해 가겠지만
너랑 나랑 처음 받았던 친구의 느낌은 변치 말자꾸나.'

책장 정리를 하다
한 권의 책 사이에서 툭 떨어진 종이 한 장.
밑에 적혀 있는 날짜를 보니
내 스무 살 생일에
고등학교 동창 친구에게 선물받은 책이었나 보다.

풋, 웃음이 나왔다.
아무리 한창 감수성 예민했을 스무 살 시절 이야기라지만
풋, 나는 웃음을 참을 수 없었다.

지금은 서로 만났다 하면 저런 닭살 멘트는커녕
일단 욕부터 주고받아야 다음 화제로 넘어갈 수 있는 우리.
트집 하나 잡았다 싶었다.
다음에 만나면 잔뜩 놀려 줘야지 싶은 마음에 좀 신이 났다.

그래서일까.
나는 그대로 책장 앞에 쭈그리고 앉아
이 책 저 책을 꺼내 보기 시작했다.

선물받았던 책들에는 대부분
맨 첫 장에 상대가 적어 준 글귀들이 적혀 있었다.

그 사람들은 기억할까.
몇 년 전 내게 이런 책을 선물했던 것.
그리고 그 책에 이런 글귀를 적어 줬던 것.

아마 못 하지 싶다.
한때는 나도
가까운 지인들에게 책 선물을 꽤 자주 했던 것 같은데
무슨 책을 선물했는지
어떤 글을 함께 적어 줬는지
나도 대체로 기억나지 않으니까.

근데 내 책장 속에서 발견된 어떤 책에
아주 낯선 이름이 하나 적혀 있었다.
그것도 꽤나 로맨틱한 글귀와 함께.

누구지?
한참을 고민해 봐도 생각나지 않았다.
나도 이제 늙었나?
한참을 자학하며 괴로워해 봐도 떠오르지 않았다.

그런데 그날 밤 자려고 누웠을 때
나의 뇌리를 스쳐 간 추억의 장소가 하나 있었으니
대학 시절 내가 꽤나 자주 들락거렸던 학교 앞 헌책방.

아마도 그 책은
그 헌책방에서 샀던 책들 중에 하나였나 보다.

그럼 그렇지, 나 아직 안 죽었어!
아주 어려운 문제 하나를 깔끔하게 해결하고 난 듯 상쾌한 기분.
그 기분을 간직한 채 이제 자자, 했건만
웬일인지 잠이 잘 오지 않았다.

근데 왜 버렸을까?
그런 로맨틱한 글귀와 함께 선물받은 책을
그는 왜 헌책방에 팔았을까?
쓸데없이 이런 궁금증이 들어 뒤척뒤척.

그리고 이어진 또 하나의 궁금증.
이젠 나조차 기억나지 않는
내가 누군가에게 선물했을 책들.
내가 누군가에게 적어 줬을 글귀들은, 지금 어디에 있을까.

스무 살,
딱 그 나이에만

딱 한 번,
그 사람에게 전화를 걸고 싶었을 때가 있었다.

분명 팍팍했던 하루였는데
중간에 갑자기 약속 하나가 취소되는 바람에
혼자 가까운 극장에 들어갔던 나.
말랑말랑한 사랑 영화나 청춘 드라마를 굳이 찾아보는 스타일은 아닌데
시간이 맞는 영화가 딱 그거 하나라 보게 됐던 영화.

영화를 보는 내내
나도 모르게 엄마 미소를 짓고 있었던 기억이 난다.

너무 예뻤다.
스무 살, 딱 그 나이에만 할 수 있는 사랑.
스무 살, 딱 그 나이에만 꿀 수 있는 꿈.
영화 속 주인공들이 너무 예뻤던 거다.

극장을 나오자마자
옆에 있던 음반가게에 들어가 그 영화의 OST를 샀다.

이어폰에서 흘러나오는 음악.
내 머릿속에 재생되는 영화 속 장면들.
그 장면들이 어느새
스무 살의 나로 오버랩되어 흘러갔다.

바로 그 순간.
딱 한 번 그 사람에게 전화를 걸고 싶었던 순간.
하지만 나는 전화를 걸지 않았다.

아마도 그 사람이 아니었을 거다.
그 순간 내 그리움의 대상은.

스무 살, 딱 그 나이에만 할 수 있는 사랑.
스무 살, 딱 그 나이에만 꿀 수 있는 꿈.
나는 그런 사랑을 하고 있었다.
나는 그런 꿈을 꾸고 있었다.
내 나이 스무 살 때.

내가 그리웠던 것은 그 사람이 아니었던 거다.
그 사람을 사랑했던 나.
스무 살의 꿈을 꾸던, 스무 살의 내 자신이었을 뿐.

비닐봉지
두개

"또 볼 텐데 뭐."

아무리 나이를 먹어도
좀처럼 헤어짐에는 익숙해지지 않는다.

다니던 회사를 그만두고
적지 않은 나이에 떠난 어학연수.
그곳에서 만난
나보다 한참은 어린 이십 대 초반의 아이들.

저 아이들과 잘 지낼 수 있을까.
처음엔 걱정도 많았지만
한국으로 다시 돌아올 땐
그 아이들과의 이별이 쉽지 않았을 정도로
낯선 타지 생활에 큰 힘이 돼 줬던 친구 같은 동생들.

출국 전날
조촐한 환송회 같은 걸 했는데도
다음 날 아침
약속도 없이 집으로 찾아온 녀석들.
그리고 아이들 손에 들려 있던 비닐봉지.

"아침 못 먹고 갈 것 같아서….
공항에서 먹어요, 누나."
샌드위치와 탄산음료가 들어 있던 까만 비닐봉지.

"어, 언니 우리도 사 왔는데…."
주먹밥과 이온음료가 들어 있던 하얀 비닐봉지.

그 봉지들을 건네받으며
나는 아이들의 눈을 똑바로 쳐다볼 수 없었다.

헤어지는 그 순간까지 아쉬워하는 아이들에게
어른인 척 내가 뱉은 말,

"또 볼 텐데 뭐."

하지만 그 순간을
가장 견디기 힘들었던 사람은 내가 아니었나 싶다.
그래서 아이들의 눈도 한번
똑바로 바라보지 못하고
서둘러 공항행 버스에 몸을 실었던 나.

물론 우리는 또 만나게 될 것이다.
조금 부지런히 연락하고
조금 부지런히 마음을 쓰면
다시 못 볼 사람들이 아니란 걸 알고 있다.

하지만 쉬는 시간
졸린 눈으로 서로를 바라보며
커피와 함께 시시껄렁한 농담으로 졸음을 쫓는 일.
누군가에게 한국에서 소포가 오는 날이면
우르르 몰려가 함께 저녁을 먹으며 한국을 그리워하는 일.
날씨가 좋을 때면
도시락을 싸서 자전거를 타고 강가로 소풍 가는 일.
밤새 시험공부하겠다고 한집에 모여
공부는 안 하고 먹고 수다 떨고 그렇게 새벽을 맞는 일.

이제는 그런 일상을 우리는
더 이상 공유할 수 없는 거다.

그래서였나 보다.
그렇게 아침잠 많은 녀석들이
학교 가기 전 우리집에 들러 건네고 간 비닐봉지 두 개.
탑승 수속을 마치고 공항 의자에 앉아
그 비닐봉지 두 개를 바라보는데 문득 사진이 찍고 싶어졌다.

녀석들의 마음을 기억하고 싶어서.

기내 음식물 반입 금지라는 문구에
배가 불러오는 것도 꾹 참고
그 자리에 앉아 샌드위치와 주먹밥을 꾸역꾸역 다 먹었던
그날의 나를 잊고 싶지 않아서.

아무리 나이를 먹어도
좀처럼 익숙해지지 않는 헤어짐.
그래서 결국 또 한 번 왈칵, 눈물을 쏟고 말았던
그날의 나를 기억하고 싶어서.

좀처럼 헤어짐에는 익숙해지지 않는다

도대체 나중에
얼마나 행복해지려고

어떤 영화에 이런 말이 나온다.
'인생은 초콜릿 상자와 같다.'
맛있는 초콜릿만 먼저 먹고 나면
나중엔 맛없는 것만 남게 된다는 이야기.

그 외에도
고진감래, 흥진비래, 전화위복, 새옹지마,
오르막길이 있으면 내리막길도 있다, 어쨌든 다 비슷비슷한 이야기들.

고생 끝에 낙이 온다는 뭐 그런 의미들인 건데
나는 항상 그 말들에 의문이 들곤 했다.
정말? 정말 고생 끝에 낙이 올까?
그냥 힘든 누군가를 위로하기 위해 지어낸 말들은 아니고?

어떤 만화에
이 말들을 맹신하는 캐릭터가 등장한다.

그는 불행한 일을 겪을 때마다 기뻐한다.
'이건 곧 내게 행운이 찾아올 거란 의미!'
불행이 찾아올 때마다
그 불행의 크기가 크면 클수록 더 크게 기뻐한다.
심지어 불행한 일들을 스스로 만들어내기도 한다.
바보 같은 그 모습에 독자들은 피식피식 웃게 되고.

언젠가 한 친구가 이런 이야기를 한 적이 있다.

"도대체 나중에 얼마나 행복해지려고
나는 지금 이렇게 힘든 걸까?"

어깨가 축 늘어진 그 친구에게 나는 아무 말도 할 수 없었다.
빤한 위로의 말들은 참 많았다.

고생 끝에 낙이 온다잖아, 비 온 뒤에 땅이 굳는다잖아.
아픈 만큼 성숙해진다잖아, 곧 좋은 일이 있을 거야.
지금의 시련이 언젠가 네 인생에도 도움이 될 거야.

하지만 입 밖으로 내뱉을 순 없었다.
고생 끝에 낙이 온다는 말, 아픈 만큼 성숙해진다는 말.
그 말들을 극구 부정하고 싶은 건 아닌데
가끔은 이런 생각도 들기 때문이다.

더 좋은 날까진 바라지도 않으니까
더 이상 상황이 나빠지지만 않았으면 좋겠단 생각.

아픈 만큼 성숙해지지 않아도 좋으니까
아픈 일, 힘든 일 따윈 가능한 겪지 않고 살았으면 좋겠단 생각.

그저 나의 무력함이 슬펐다.
내가 사랑하는
내가 아끼는 누군가의 축 처진 어깨를 바라보며
빤한 위로의 말밖에 던질 수 없다는 것은, 참 슬픈 일이니까.

내가 끊어야 할
두 가지

"내가 끊어야 할 두 가지? 그게 뭐야?"
내 휴대폰을 흘깃 보더니 친구가 했던 말.

"담배?"
뭐라 대답해야 할지 몰라 나는
"으, 응."
얼버무리고 말았다.

"그리고 또 하나는 뭐야?"
뭐였을까.
나도 궁금해졌다.
벌써 한참 전에 적어 두었던 글이다.
그 당시 내가 끊어야 할 것은 담배가 아니었다.

좋아하는 사람이 있었다.
그 사람 생각에 쉬이 잠을 이루지 못했던 어느 날 밤,
나는 휴대폰을 열고 배경화면에 이렇게 적었다.
'내가 끊어야 할 두 가지'

그 하나는 분명 그 사람이었다.
나 따위는 안중에도 없는 것 같은
그 사람 때문에 힘든 시간들을 멈추고 싶었으니까.
그리고 다른 하나는 뭐였을까?
담배였을까?
그 사람 때문에 더 자주 찾게 됐던 술이었을까?

아니면 그 당시 한참 빠져 있던 게임?
그것도 아니면 평생 나를 자책하게 하는 나의 선천적 게으름?

생각나지 않았다.
너무 오래전에 적어 두었던 글인 거다.

그런데
"내가 끊어야 할 두 가지? 그게 뭐야?"
친구의 질문에 나는 쉽게 대답할 수 없었다.
내 마음을 들켜버린 양 무척 당황이 돼서.
한참 전에 적어 두었던 그 글이 지금의 나에게도 적용되다니.

내가 끊어야 할 것들은 지금도 너무 많은 거다.
언제나 나에겐 '끊어야 할 것'이 두 가지 이상은 되는 걸까?
하나의 자리를 채우기가 쉽지 않았다.
담배? 술? 게임? 늦잠? 자기 합리화 혹은 자책?

하지만 나머지 하나의 자리는 너무나 쉽게 채울 수 있었다.

좋아하는 사람이 있었다.
그리고 그 사람 또한 나를 사랑한다 믿었던 시간들.
참 빠르게 흘러갔다.
너무나 빠르게 흘러가 버렸다.

이제 내가 끊어야 할 분명한 한 가지는 이것이 되어버렸으니까.
그 사람에 대한 미련.

이제
들킬 일만 남은 거잖아

"그 사람이 날 너무 좋아하는 것 같아서 좀 두려워."

자신을 꽤 오랫동안 좋아해 준 남자와 이제 막 연애를 시작한 후배.
참 별게 다 걱정이다, 너 지금 자랑질하는 거냐? 어쩌라고!
이런 나의 반응에도 후배는,
팔자 눈썹이 돼선 자신의 말을 이어 갔다.

"이제 들킬 일만 남은 거잖아. 실망하게 할 일만 남은 거잖아."

그제야 좀 이해가 되는 기분이었다.
꼭 연애에서뿐 아니라
누군가 날 지나치게 과대평가한다는 느낌을 받았을 때
솔직히 우쭐한 마음이 들면서도
나의 진짜 모습을 알면 실망할 텐데….
부담스럽고 불편한 마음이 드는 것도 사실이니까.

물론 내가 지나치게 저평가되는 것도 유쾌한 일은 아니지만
그래도 그럴 땐 이런 마음이 든다.
'두고 봐. 당신 생각이 틀렸단 걸 보여 주겠어.'
오기가 생긴달까.
더 좋은 사람, 더 나은 사람이 되고 싶은 투지가 생긴달까.

어떤 영화에 이런 대사가 나온다.

'가장 짜릿한 순간이죠.

상대가 나를 전혀 안 믿을 때.
내 아이디어가 너무 황당하다면서 완전히 실패할 거라 생각할 때.
그럼 슬슬 내 안에서 시동이 걸리거든요.'

최악의 상황이 있어야 짜릿한 반전도 가능한 법.

"너는 뭐 당연히 잘하겠지. 걱정 안 해."
주변 사람들의 지나친 기대.
그 기대에 어긋날까 봐 전전긍긍.
작은 실수에도 손을 바들바들 떠는 것보단,

"네가 과연 할 수 있겠냐? 넌 안 돼, 포기해."
오히려 이럴 땐
밑져야 본전이란 생각으로 한번 달려들어 보면 되는 건데….
문제는 그때부터인 거다.

두고 봐!
이 오기가, 이 투지가 얼마나 가느냐.

하루 이틀 발끈하다가도
우린 참, 뭐든지 빨리 잊곤 하니까.

뭔가 제대로 해 보지도 않고
에이 몰라. 귀찮아. 네 맘대로 생각하라지 뭐.
우린 참, 게으르기도 하니까.

난 분명
널 본 걸까

수없이 상상했던 장면이었다.
어떤 표정을 지어야 할지 어떤 말을 건네야 할지
수없이 상상했던 장면.

참 이상한 기분이었다.
그토록 오랫동안 상상해 온 장면이 현실이 됐는데
나는 아무것도 할 수 없었다.
손을 뻗으면 닿을 만한 거리에 그 사람이 있었지만
나는 아무것도 할 수 없었다.

분명 그는
내가 기억하고 있는 모습 그대로였지만
'내가 아는 그'는 아닌 느낌.
그래서였을까.
집에 돌아오는 길 이런 생각까지 들었다.

난 분명, 너를 본 걸까.

그렇게 시작되는 노래가 있다.
'난 분명, 너를 본 걸까.'
나도 모르게 흥얼거리게 된 그 노래.

'문득 잠에서 깨면 우리 둘은 사랑했었고
오래전에 헤어져 널 이미 다른 세상에 묻기로 했으니.
문득 잠에서 깨면 우리 둘은 남이 되었고

그 흔적조차 잃은 채로 하루하루 더디게 때우고 있으니.'

쉽게 잠을 이룰 수 없었던 그날 밤.
오래전 편지들을 꺼내 읽었던 그날 밤.
참 이상한 기분이 들었다.

그 편지들 속엔 그 사람이 있었다.
내가 아는 그 사람.
하지만 더 이상 이 세상엔 존재하지 않는 그 사람이.

오늘 나는 분명 너를 본 걸까.
그렇다면 나는 누구를 원망해야 하는 걸까.

내가 아는 '그'가 아닌
다른 이가 되어버린 그 사람을?
아니면 그토록 나를 사랑했던 그 사람을 지키지 못한 나 자신을?

오늘 나는 분명 너를 본 걸까.
그렇다면 나는 도대체 누구를 원망해야 하는 걸까.

우리가 이렇게
오래 알아 왔는데

"산책 나갈래?"
여자가 물었다.
"아니?"
남자가 대답했다.

남자는 정말 그 말밖에 하지 않았다.
그런데 여자는 화가 났다.

여자는
남자가 산책을 원하는지 물어본 게 아니라
자신이 원하는 바를 요구했던 것이고
남자가 그것을 알아채 주지 못했기 때문에 화가 난 거다.

남자는 답답하다.
"나 산책 나가고 싶은데 같이 가 줄래?"
그럼 이렇게 다시 한 번 구체적으로 요구했으면 될 것을
여자가 왜 화를 내는지.

여자도 답답하긴 마찬가지다.
우리가 이렇게 오래 알아 왔는데 내 마음 하나 못 읽는 남자 때문에.

어떤 소설 속 한 장면.
그리고 그 장면은 이 문장으로 마무리된다.
'누군가를 오래 알수록
잘 파악하지 못하는 것들에 관한 자책감도 늘어난다.'

참 이상하다.
누군가를 처음 만났을 땐
상대를 알아 가는 일이
그리고 상대에게 나를 알려 가는 일이 참 재미있다.

서로의 이름부터
생일, 성격, 식성, 취미, 좋아하는 것과 싫어하는 것.
서로를 알아 가는 과정이 그렇게 재미있을 수가 없고.

긴장하면 눈을 자주 깜빡인다든가
거짓말할 땐 고개가 약간 오른쪽으로 기운다 등의 내 작은 습관이나
지나치듯 했던 내 말을 상대가 기억해 주면 점점 더 즐거워진다.

하지만 시간이 지날수록 서로의 정보에 대한 공유는
즐거움이 아닌 당연한 것, 혹은 의무로 변해버려서
'왜 내 마음을 몰라주지? 왜 나를 이해 못 해 주지?
왜 그거 하나 기억 못 해 주는 거냐!'
상대에게 화가 나거나 짜증내는 일이 잦아진다.

참 이상한 일이다.
'우리가 이렇게 오래 알아 왔는데….'
그런 이유로 날 이해 못 해 주는 상대가 답답하다 말하면서도
그렇게 오래 알아 온 상대를
내가 이해해 주자는 생각은 왜 못 하는 건지.

어느 정도의
빈틈

대학 시절 우리 동아리엔
유난히 열심인 선배가 있었다.

한낱 동아리 활동일 뿐인데도
빈틈없이 일을 처리하는 선배가
나 또한 대단해 보였고 싫지 않았지만
그렇다고 편하지도 않았다.
바로 빈틈이 없다는 그 점 때문에
쉽게 다가가기 어렵고, 그래서 편하지 않은.

두고 온 물건이 있어
어느 늦은 밤 동아리방을 찾았을 때
그곳엔 선배가 있었다.
다른 후배 녀석이 해야 할 일을
선배가 대신하고 있던 중이었다, 밤을 새워 가며.

"선배, 그런 건 그냥 어떻게 되든
그 녀석한테 끝까지 알아서 하라고 하지 그랬어요."

선배는 그저
자기가 하는 게 빠르고 마음 편하다며 웃었던 것 같은데
그때 나는 선배에게 이런 말을 했던 것 같다.

"선배, 그거 알아요?
선배는 가끔 주변 사람들을 굉장히 무능력하게 만들어요."

선배는 정말 그런 느낌이었다.
뭐든지 혼자, 알아서, 잘해내는 선배는
주변의 도움은 전혀 필요 없어 보였고
'내가 안 해도 선배가 알아서 잘할 텐데 뭐.'
주변 사람들에게 이런 생각까지 갖게 하는,
그래서 주변 사람들을 점점 무능하게 만들어버리는 그런 느낌.

한참이나 잊고 있던 선배를
다시 떠올리게 만든 건 그 사람이었다.
다른 사람이 생겼다며 이별을 말하던 그 사람.

"그에겐 내가 필요해.
하지만 넌, 내가 없어도 괜찮잖아."

난 그저
언제든 그 사람이 필요할 때면 기대 쉴 수 있는
그런 존재가 되고 싶었다.
힘든 일이 있어도
그 사람에게 내색하고 싶지 않았고
그 사람이 걱정하고 힘들어할 만한 일은 만들고 싶지 않았다.

"넌 좋은 사람이야. 고마운 사람이고.
하지만 네 옆에 있으면 내가 너무 가치 없이 느껴져."

그 사람의 마지막 말은
언젠가 내가 선배에게 했던 말과 닮아 있었다.

누군가와 어울려 살아가는 것.
누군가와 함께 사랑을 이뤄 간다는 것은
남들에게 폐 끼치지 않고
'나 혼자, 알아서, 잘.'

어떤 하루

그게 정답은 아니었던 건데.

어느 정도의 빈틈.
상대가 답답해하지 않을 정도의 빈틈은 필요했던 건데
나는 그걸 몰랐던 거다.

그때의 선배와 마찬가지로.

화분

처음 내가 화분을 죽였던 이유는 너무 무심해서였다.

화원에서 몹시도 친절하게
일주일에 한 번 물을 줘야 한다는 의미의
'7일'이라 적힌 푯말을 꽂아 줬음에도 늘 깜빡했다.
낮에는 거의 집에 없다 보니
늘 창문도 커튼도 꼭꼭 닫아 놓고 다녔다.

그러니 물도 못 먹고 햇빛도 못 받은 녀석이
오래 버틸 수 없었던 것은 당연한 일.
녀석이 완전히 말라 비틀어져 죽은 다음에야
나는 그 자리에 화분이 있었음을 자각했다.

그 후론 한동안
화분을 들여놓을 용기가 생기지 않았는데
선물을 받고 말았다.
선물받은 화분을 누구에게 줘버릴 수도 없고
어쩔 수 없이 그 녀석을 받아 들고 집에 왔는데
이번엔 정말 죽이지 말고 잘 키워 봐야지 싶었다.

매일매일 물도 주고
햇빛 좀 받으라고 낮에 창문을 열어 놓은 채 외출하기도 하고
이름도 붙여 주고 자꾸 말도 걸어 주며 사랑을 주면 잘 자란다기에
용기 내 녀석의 이름을 불러 보기도 했는데….

녀석은,
나를 버렸다.

어느 날부터 잎이 노래지더니 죽어버렸다.

왜? 관심을 퍼 줬는데, 사랑을 퍼 줬는데도 왜?
나는 이해할 수 없었고
나는 화분이란 걸 키울 수 있는 인간이 안 되나 보다
자학 증상까지 일어났는데
어느 날 우리집에 와 죽어 가는 화분을 보며 친구가 말하길,

"얘는 물 많이 주면 안 되는 앤데?
물을 너무 자주 줬구나? 그러니 썩어버리지."

물을,
너무 자주 줘도 안 된다고?
의아해하는 날 아랑곳하지 않고
친구는 화분 전문가인 양 잘난 척하며 계속 떠들어댔다.

"원래 모든 식물은 물을 찔끔찔끔 너무 자주 주면 안 돼.
더 갈증이 나서 죽어버리거나 썩어버린다고.
물을 주고 싶어도 꾹 참았다가
품종마다 3일에 한 번, 일주일에 한 번, 혹은 보름에 한 번.
충분히 흠뻑 물을 주는 게 중요해."

찔끔찔끔.
그게 더 화분을 갈증 나게 한다.
물을 너무 자주 줘도 안 되고 너무 무심해도 안 되고
뭐 이렇게 어려워!
괜히 짜증이 났다.
세상엔 왜 이렇게 쉬운 게 하나도 없는지.

그리고 나는 또 심각한 자학 모드로 돌입했다.
어쩌면 나는 화분을 기를 수 없는 인간인 게 아닐까 싶어서.

그냥 내 맘대로
물을 주고 싶을 때 주고 싶은 만큼.
그래도 잘 자라는 화분은 없나?

이렇게 생각하고 있는 나는,
어쩌면 제대로 된 사랑 또한
하기 힘든 인간인 게 아닐까 싶어서.

친근함에 대한
규율책

"고맙긴 한데 좀 부담스럽네."

그 말을 난 잘 이해할 수 없었다.
나의 친절과 호의를 왜 부담으로 생각하지?
그만큼 내가 좋아하니까
잘해 주고 싶으니까 잘해 주는 건데 왜?

나중에야 알게 됐다.
그것은 연애 초보들이 곧잘 저지르는 전형적인 실수라는 걸.
연애 초기에 너무 잘해 주는 것, 너무 내 마음을 다 보여 주는 것.
그것은 오히려 상대를 멀어지게 하는 일이라는 걸
그땐 나도 몰랐던 거다.

참 어렵다.
그렇다고 너무 내 마음을 감추면 그게 싫어 상대는 떠나고
그렇다고 또 잘해 주기만 하면 상대는 이내 날 질려 하고
적당한 선을 유지하는 일은 늘 어렵다.

그리고 그것은
연애에만 국한되는 것도 아닌 듯싶다.

나는 우리가 꽤 친하다고 생각해서 그런 농담을 한 건데
상대의 표정이 달라지는 것이 느껴질 때.
상대 또한 솔직한 나의 의견을 말해 달라고 해서 그런 건데
상대가 불쾌해하는 것이 역력히 보일 때.

어렵게 털어놓은 내 비밀 이야기에
'왜 나한테 이런 얘길 하는 거지?'
상대가 부담스러워하는 것이 느껴질 때.

그리고 그런 문제는
꽤 오래 알아 온 관계, 제법 친밀한 관계에서도 발생한다.

도대체 내가 뭘 잘못했는지도 모르겠는데
상대가 나를 멀리하려는 것이 느껴질 때, 우리는 참 답답하다.

'우리 사이에 그 정도도 이해 못 해 준다는 게 말이 돼?'

그러곤 이내 상대를 원망하게 되지만 사실은 알고 싶다.
친근함에 대한 규율책을.

어떤 드라마에 이런 이야기가 나온다.

'친근함에 대한 규율책.
선을 넘었을 때 알려 주는 가이드북 같은 게 있었으면 좋겠어.'

아무리 가깝고 친밀한 관계라 해도
아니 오히려 가깝고 친밀한 관계일수록
사소한 말 한마디에도 '사고'가 일어나곤 하니까.

고등어
찌개

유학 시절 비 오는 어느 날 밤.
룸메이트와 나란히 누워
한국에 돌아가면 먹고 싶은 음식에 대해
이야기를 나눈 적이 있다.

유학 생활을 길게 한 친구들이 다 그렇듯
룸메이트는 짜장면과 냉면이 가장 먹고 싶다고 했다.
이젠 세계 어느 큰 도시에서나
웬만한 한국 음식은 다 사 먹을 수 있고
한국 슈퍼에서 재료를 구입해 직접 해 먹을 수도 있지만
짜장면과 냉면만은
제대로 된 한국에서의 맛을 찾을 수 없기 때문이었다.

"너는? 너는 뭐가 제일 먹고 싶어?"

나는 조금도 망설이지 않고 답했다.

"고등어찌개."

룸메이트는 조금 의외라는 표정으로
고등어찌개가 뭐냐고
고등어조림이 아니냐고 되물었고
난 다시 대답했다.

"응. 찌개.

우리 할머니가 해 주시던 고등어찌개.
고등어와 감자를 큼지막하게 썰어 넣고
국물을 얼큰하게 우려낸 고등어찌개."

언젠가부터 어떤 음식을 가장 좋아하냐는 질문에
난 항상 고등어찌개라고 답했고
그때마다 사람들은
고등어로 찌개도 만드냐고
비릿하지 않냐고 되물었지만
우리 할머니의 고등어찌개는 전혀 비릿하지 않았다.

내가 아주 어렸을 때
바쁜 부모님 대신 난 늘 할머니와 함께였는데,
내가 조금만 입맛이 없어 해도
비 오는 날 뭔가 맛있는 음식이 먹고 싶다고 해도
할머니는 항상 고등어찌개를 끓여 주셨다.

창문 밖에선 두둑두둑 빗소리가 들려오고
부엌에선 보글보글 찌개 끓는 소리가 들려오고
거실에 누워
그 소리들에 귀를 기울이고 있으면
어느새 비 냄새가
얼큰한 고등어찌개 냄새와 어우러져
내 코를 자극하고
그럼 한순간에 입맛이 돌며 기분이 좋아지곤 했던 나.

할머니가 돌아가신 다음
어머니가 종종 그 고등어찌개를 대신 끓여 주시곤 했지만
할머니의 맛은 아니었다.
그리고 그 어떤 가게에서도 할머니의 맛은 찾을 수 없었다.
아니 고등어찌개라는 메뉴도 쉽게 찾을 수 없었다.

아직도 가끔씩
비 오는 날, 입맛이 없고 힘이 쭉 빠진 날이면
할머니의 고등어찌개가 생각난다.

거실에 누워
창문 밖으로 들려오는 빗소리에 귀 기울이며
자박자박 끓어 가는 고등어찌개 냄새에 행복해하던 나.
그리고 그런 나를 돌아보며 웃으시던 할머니의 모습.

이젠 다시는 돌아갈 수 없는 그 시절이
가끔씩 그리워진다.

이젠 다시는 돌아갈 수 없는
그 시절이 그리워진다

바람돌이
선물

'하루에 한 가지, 바람돌이 선물.'

내가 어렸을 때 그런 만화영화가 있었다.
아이들의 소원을
매일 딱 한 가지씩만 들어주는, 모래요정이 나오는 만화영화.

혹시라도 놓칠까 나는 늘 뛰어서 집에 왔고
집에 도착해선 책가방을 멀리 던져 놓고 TV 앞에 앉아 그 만화를 봤다.
그렇게 30분 남짓의 시간이 흐르고
만화영화가 끝나면 흘러나오던 주제가.
'하루에 한 가지, 바람돌이 선물.'
그 노래를 따라 부르다 보면 항상 들었던 생각.
'하루에 한 가지. 딱 한 가지라면 나는 무슨 소원을 빌어야 할까?'

선택의 순간은, 그 어린 나이에도 참 어려웠다.
엄마가 못 먹게 하는 커피를 한입만 먹게 해 달라고 할까?
아니야, 그건 너무 사소해.
그럼 내가 갖고 싶었던 장난감을 사 달라고 할까?
아, 과자로 만든 집도 갖고 싶은데!
근데 숙제는 언제 하지? 숙제를 대신 해 달라고 할까?

언제나 그렇게 고민만 했던 것 같다.
실제로 모래요정이 나타나 내 소원을 들어줄 일도 없을 텐데
왜 그렇게 진지하게 고민만 했는지.
결정은 못 하고 늘 고민만.

골라 먹는 재미.
한때 이런 광고 카피가 유행이었던 적이 있다.
근데 이런 실험 결과도 있다.
'선택의 폭이 넓어질수록 만족도는 떨어진다.'

한 그룹에겐 서른 가지 초콜릿을
다른 그룹에겐 여섯 가지 초콜릿을 맛보게 한 다음
마음에 드는 초콜릿을 고르라는 실험이었는데,
선택의 폭이 좁았던 그룹이
자신이 고른 초콜릿에 대해 훨씬 더 만족했다는 실험 결과.

그 이유는 간단했다.
선택의 폭이 넓어질수록
내가 과연 옳은 선택을 한 걸까 확신이 안 서고
선택하지 않은 것들에 대한 미련도 크기 때문에.

언제나 그놈의 미련이 문제다.
내가 선택하지 않은 길에 대한 미련.
내가 가지지 못한 것들에 대한 미련.

그래서 그 어린 나이에도 나는,
선택이 어려웠던 거다.

로봇을 사 달라고 하면 과자로 만든 집은 못 갖는 거잖아.
과자로 만든 집을 달라고 하면 숙제는 누가 하지?
아, 커피도 먹고 싶은데.
아, 내일 학교도 안 갔으면 좋겠다.

그놈의 미련은
어른이 된 지금까지도 날 괴롭힌다.
내가 이미 가지고 있는 것들조차, 잃게 만들면서.

아이스크림

"아이스크림 먹을래?"

학교 앞, 작고 허름한 술집.
그 좁은 곳에
우리가 다 어떻게 들어가 앉았는지 신기할 정도로 꾸역꾸역 붙어 앉아
마시고 웃고 떠들고.
재미있는 이야기를 놓칠까 화장실도 참을 정도로 즐거웠던 시간.
그러다 한계에 부딪혀 화장실에 들렀다 나오는 길,
그 아이와 마주쳤다.

"아이스크림 먹을래?"

우리는 그곳을 빠져나와
편의점 앞에 나란히 앉아 아이스크림을 먹었다.

사람은커녕
도로 위로 차 한 대 지나가지 않을 정도로 늦은 시간이었고
깜깜한 서울 하늘 위로는 별 하나 보이지 않았는데
우리는 그렇게 나란히 앉아
별 대화도 없이
한참을 멍하니 하늘만 바라보며 아이스크림을 먹었다.

근데 이상하게 그때 나는
참 편안하고 고요한,
뭔가 안심이 되는 듯한 기분이 들었다.

시끌벅적한 술자리.
그 자리가 싫었던 것도 아니고
즐겁지 않았던 것도 아니었는데
그 아이와의 그 고요가
이상할 정도로 내 마음에 평온함을 가져다주었던 기억.

한참을 잊고 있었다.

아무 생각 없이 술 마시고 웃고 떠들고.
오랜만에 정신없이 즐거운 시간을 보내고 집에 돌아왔던 그 날.
아무도 없는 집에 들어서 불을 켜고 식탁 의자에 앉아
집에 오는 길 편의점에서 산 아이스크림을 꺼내 입에 물었는데
이상하게 내 마음에 평온함이 찾아왔다.

시끌벅적했던 술자리가 불편했던 것도 아니고
즐겁지 않았던 것도 아니었는데
아무도 없는 집, 고요한 이 시간, 적막한 이 순간이,
뭔가 안심이 되는 듯한 기분.

그때였던 것 같다.
"아이스크림 먹을래?"
잊고 있던 그 아이와의 추억이 되살아난 건.

그리고 그때였다.
나는 정말 이젠 널 잊었나 보다, 싶었던 것.

신기했으니까.
네가 없는 내 일상이 이렇게 평온하게 느껴질 수 있다니.
참 신기했으니까.

등호
관계

한밤중 담배가 떨어질 때면
가끔 찾곤 하는 집 앞 편의점.

"A 담배 주세요."
내가 이렇게 말할 때면
언젠가부터 사장님이 꼭 내게 이렇게 되물었다.
"요즘은 B 담배 안 태우세요?"

"아, 예⋯."
늘 그렇게 얼버무리며 편의점을 나오곤 하는데
그러고 나면 드는 생각.
'나, B 담배 안 피운 지 1년도 넘었는데⋯.'

게다가 내가 B 담배를 좋아하던 시기는 굉장히 짧았기에
나조차도 내가 B 담배를 태웠단 사실을 잊고 지낼 때가 많고
벌써 1년 가까이
일주일에 한 번, 적어도 한 달에 한 번 이상은
그 편의점에서 A 담배를 사고 있는데
그는 또 내게 묻는다.
"요즘은 B 담배 안 태우세요?"

B 담배를 찾았던 어느 날 밤의 내 모습이
그에게 굉장히 인상적이었던 걸까?
아니면 애초부터 그는 내게 전혀 관심이 없었고
그냥 서비스 정신으로 할 말을 찾다 보니

자신도 모르게 똑같은 질문을 반복하고 있는 걸까?
그것도 아니면 그냥 내가 A 담배 찾는 게 싫어서?
B 담배를 태웠으면 하는 바람에?

어쨌든 그의 머릿속에는
'나 = B 담배'라는 등호 관계가 잠금장치로 설정돼 있어
내가 아무리 다른 정보를 입력해 보려 해도 거부, 거부, 거부.
자꾸만 거부당하고 있는 듯한 느낌이 들었다.

그래서 좀 궁금해졌다.
나를 아는 또 다른 누군가의 머릿속에선
내가 과연 무엇과 등호 관계로 설정돼 있을지.

내가 아는 나와는 전혀 다른 나.
나는 절대 인정하고 싶지 않은 나.
그런 나도 누군가의 머릿속엔 존재하지 않을까 싶어서.

때론 참 힘드니까.

내가 아무리 노력해도
그가 나를 이미 '어떤 나'로 규정해버린 다음에는
그 '어떤 나'가 실제의 나와는 전혀 다른 모습이라 할지라도
내 진짜 모습을 그에게 재입력하기란
때론 정말 힘드니까.

교통사고

갑자기 느려진 차량 흐름.
남자는 화가 난다.
안 그래도 복잡한 머리, 답답한 마음.
어서 이 답답한 차 안에서라도 벗어나고 싶은데
갑자기 느려진 차량 흐름.

'아직 밀릴 때가 아닌데, 왜 이러지?'

그 순간 들려오는 사이렌 소리.
저 앞에서 사고가 난 거다.
남자는 더 화가 난다.
힘껏 클랙슨을 누르며
아무도 듣지 못할 혼잣말을 큰 소리로 내뱉는다.

"미친놈들, 구경할 게 뭐 있다고 빨리 안 가고!"

어떤 소설 속 한 장면.

실제로 교통사고가 나면 차량 흐름은 느려진다.
그 이유는 사고 때문이기도 하지만
주변 차량들이 사고를 구경하고 싶은 마음에
자신도 모르게 속도를 늦추기 때문이다.

시도 때도 없이 발동되는 사람의 호기심.
꼭 그렇게 된다.

교통사고뿐 아니라
누군가에게 무슨 일이 생겼단 소식이 퍼지면
"무슨 일이래? 왜 그랬대? 도대체 뭐가 문제래?"
쏟아지는 관심, 쏟아지는 질문.

가끔은 그 호기심이란 녀석이 참 싫어진다.
"괜찮아, 너 정말 괜찮아?"
쏟아지는 관심, 쏟아지는 질문.

아무리 괜찮다고 말해도
아무리 아무렇지 않은 척 행동해도,
"너, 정말 괜찮아? 괜찮은 거 맞아?"
쏟아지는 관심, 쏟아지는 질문.

그래서 가끔은 이런 생각도 든다.
그렇게 연거푸 '괜찮아?'란 질문을 던지는 사람들.
혹시 이런 대답을 기대하고 있는 건 아닌지.
"그래요, 나 안 괜찮아요. 힘들어 죽겠어요. 이제 됐어요?"

쏟아지는 관심, 쏟아지는 질문.
시도 때도 없이 발동되는 사람의 호기심.
참 싫다, 느껴질 때가 있다.

평소엔 별 관심도 없었으면서
사고 소식에 발동되는 그들의 호기심.
특히 그 사고의 주인공이 나,
혹은 내가 아끼는 누군가였을 땐 더더욱.

힘든 사람, 슬픈 사람,
외로운 사람

20년 만의 휴가.
사람들은 궁금해했다.
20년 만의 휴가지로 그녀가 이곳을 선택한 이유를.

"몹시 힘든 어떤 날이었어요.
TV에 이곳이 나오는 거예요."

그녀가 TV에서 본 이곳의 모습은
멋진 풍경, 화려한 건축물 같은 건 아니었다.

"기타 소리 흉내 내기 대회였어요.
아주 인상적이었죠.
기타 없이 사람들이 진짜 기타를 치는 듯 흉내를 내는 대회."

그러곤 연달아 나오는
부인 업고 달리기라든가 휴대폰 멀리 던지기.
또 사우나에서 오래 견디기 등 우스꽝스러운 경기를
아주 진지하게 임하는 사람들 모습이 무척 인상적이었다며
그녀는 말했다.

"정말 아무 걱정도 없는
세상의 모든 구속으로부터 자유로운 사람들처럼 보였죠.
행복하고 평화롭게 느껴졌어요. 그래서 여길 오게 된 거죠."

하지만 그녀가 이곳에서 만난 사람들은

그렇지 않았다.

"언제나 여유롭게만 보이는 것이
제가 알고 있던 이곳 사람들의 이미지였어요.
하지만 슬픈 사람은 어느 나라에도 존재하는군요."

당연한 이야기를 왜 하냐는 듯
심드렁한 표정으로 누군가 답했다.

"물론이죠.
세상 어딜 가도
슬픈 사람은 슬픈 것이고, 외로운 사람은 외로운 법이죠."

20년 만의 휴가.
행복하고 평화로운 곳을 찾고 싶었던 그녀.
하지만 그렇지 않은 현실.
그렇다고 그녀가 실망했냐 하면, 그건 아니었다.

어떤 영화 속 주인공인 그녀는
그곳에서 오히려
기대치 않았던 위로, 더 큰 위안을 받은 듯했다.

힘든 사람이, 슬픈 사람이, 외로운 사람이,
세상에 나만은 아니라는 것.
세상 어디에나
힘들고, 슬프고, 외로운 사람은 존재한다는 것.

그것이 때론
우리에게 위안이 되곤 하니까.

위시리스트

갖고 싶은 것 한두 가지쯤은
누구에게나, 언제나, 존재한다.

쌓여 가는 위시리스트 목록을 보며 우리는 생각한다.
내가 사고 싶은 것을 고민 없이 마음껏 살 수 있을 만큼
내가 여유로웠으면 좋겠다고.

하고 싶은 것 한두 가지쯤은
누구에게나, 언제나, 존재한다.

하고는 싶지만 할 수는 없고
하고는 싶지만 하지는 못해서 목록만 늘어 간다.
그리고 생각한다.
'시간이 없잖아. 지금도 너무 바빠, 나는.'
언제나 생각한다.
하고 싶은 것들을 마음껏 하고 살 수 있을 만큼
내 생활도 좀 여유로웠으면 좋겠다고.

가질 수 없다고 생각하면, 어차피 할 수 없다고 여겨지면,
그만 포기해버리고 말면 될 텐데.
사람 마음은 또 그렇게 쉽지 않아서 우리는 늘 초조해한다.

시간은 흐르고 있는데, 나이는 먹어 가고 있는데,
나는 도대체 언제까지 이렇게 제자리에서 발만 동동 구르며 살 것인지
초초하고 불안하고 그래서 괴롭고.

언젠가 이런 이야기를 들은 적이 있다.
어떤 유명한 작가가 작가 지망생들에게 던진 이야기.
'초조해하지 마라.
무언가 열심히 매일매일 쓰고 있는 사람은 초조해할 여유가 없다.'

어떤 책에서 이런 글을 본 기억도 난다.
'꿈이 죽어 가는 첫 번째 징후는 시간이 없다고 말하는 것이다.'

언젠가 지나치게 바쁜 듯한 내 일상을 투덜거리던 내게
한 선배는 이렇게 말했다.
"다 할 수 있대.
시간이 없어서 할 수 없는 건 세상에 아무것도 없대.
다만 시간이 없다고 말하는 것이
가장 쉽게 나를 속일 수 있는 핑계일 뿐이라더라."

발가벗은 듯 창피했던 기억이 난다.
나도 모르던 나를 들켜버린 듯 창피했던 기억.
그래서 꽤 오랫동안
그 이야기들을 떠올리며 한숨을 내쉬곤 했던 것 같은데
그럼에도 참 어렵다.

그 이야기들이 다 맞는 말이란 걸 알면서도
초조해하지 않는 것.
시간이 없다 핑계대지 않는 것.

그 이야기들에 괴로워하면서도
선뜻 내가 가지고 싶은 것, 내가 하고 싶은 것을 위해
더 바쁜, 더 부지런한 일상을 갖지 못하는 우리, 아니 적어도 나에겐.

어떤 하루

제풀에
식어버릴

"술이나 한잔하자."

정신없는 요즘의 나지만
친구의 제의를 거절할 순 없었다.

"나 헤어졌어, 여자친구랑."

그 말에 내 마음도 따라 쿵.
녀석이 그녀를 얼마나 좋아했는지
얼마나 오랫동안 혼자 속앓이해 가며 바라봤는지
그녀를 얻기 위해 얼마나 노력했는지
그래서 그녀의 마음을 얻게 됐던 날 얼마나 행복해했는지
내가 다 알고 있었으니까.

그래서였다.
두 사람이 헤어졌다는 소식에
나는 당연히 내 친구가 실연을 당했을 거라 생각했다.

"내가 말했어, 헤어지자고."

처음엔 좀 이해하기 힘들었다.
오랜 짝사랑이었던 만큼
그녀에 대해 지나칠 정도로 환상을 품었기 때문이었던 걸까?
아니면 다른 속사정이 있나?
그녀가 녀석을 별로 안 좋아했나?

아닌데, 저번에 보니까 그녀도 이제 녀석을 많이 사랑하는 것 같던데.
묻고 싶은 말은 많았지만,

"그렇게 됐어. 내가 나쁜 놈이지 뭐."

그러곤 아무 말 없이 술잔만 기울이는 녀석에게
나는 아무것도 물을 수 없었다.

무슨 이유로 헤어졌든 간에
지금 녀석의 마음은 몹시 무거울 테고
녀석만큼은 아니어도 나 또한 마음이 무거워서
차마 물을 수 없었다.

친구와 헤어져
괜히 쓸쓸해진 마음에
쓸쓸한 노래를 흥얼거리며 집에 오는데
그 노랫말에 내 마음이 더 쓸쓸해져버렸다.

'제풀에 식어버릴 철없는 사랑에 나는 왜 생각 없이 전부를 걸었나.
제풀에 식어버릴 철없는 사랑에 나는 왜 바보처럼 전부를 걸었나.'

어떤 이유에서든
아니 어쩌면 아무 이유 없이
제풀에 식어버리곤 하는 사랑.

그런 사랑이란 것이
참 쓸쓸하다 생각되면서도
나는 휴대폰을 열어 여자친구에게 전화를 걸었다.

"나야, 그냥 보고 싶어서. 사랑해."

어떤 이유에서든
아니 어쩌면 아무 이유 없이
제풀에 식어버리곤 하는 사랑일지라도,
언젠가 내 사랑 또한 그리돼버릴지 모른다 해도,
우린 그렇게 되니까.

생각 없이 바보처럼 또
전부를 걸게 되니까.
아니, 전부를 걸고 싶게 되니까.

심야 영화

주머니 사정이 뻔했던 학창 시절.
돈은 없고 영화는 보고 싶고.
친구와 나는 심야 영화를 자주 보곤 했다.
제법 가벼운 가격으로 밤 12시부터 새벽 6시까지
세 편의 영화를 연달아 보여 주던 극장이 있었다.
첫차를 타고 집에 갈 때면 어쩐지 조금 뿌듯한 마음이 들기도 했다.

그러던 어느 날
두 번째 영화가 끝난 후 잠깐의 휴식 시간이었다.
보통 때라면
조금 전 봤던 영화 이야기부터 잠시 후 시작될 영화에 대한 기대까지
쉴 새 없이 떠들어댔을 우리 두 사람인데
그때만은 어쩐지 둘 다 말을 잃었다.
서로 딴생각에 잠긴 듯 한참을 말없이 앉아 있었던 우리 두 사람.
누가 먼저였을까?
"우리 그냥 다음 영화 보지 말고 나갈까?"
이 말을 꺼낸 것은.

그대로 우리는 극장 밖으로 나왔고
새벽 4시.
택시 탈 돈도 없고
어디 잠시 쉬어 갈 가게가 있는 것도 아니고
우리는 첫차가 다닐 때까지 그냥 걸었다.
싸우기라도 한 듯
먼저 말하는 사람이 지는 거다 내기라도 한 듯

아무 말 없이 걷고 또 걸었다.

그런 영화였다.
도무지 바로 이어 다른 영화를 볼 엄두가 나지 않았다.
"참 좋은 영화였지? 그 장면 정말 멋지지 않았냐?
그 부분은 좀 별로더라."
이렇다 저렇다 떠들어댈 마음도 들지 않았다.
그저 조금 더 느끼고 싶었다. 조금 더 간직하고 싶었다.

엔딩크레딧이 다 올라가고 상영관 안에 불이 켜지고
서둘러 비상구를 향해 걸음을 옮기는 사람들 사이에서
더 이상 보여 줄 것은 아무것도 없다는 듯
회색으로 변해버린 스크린을 멍하니 바라보며
좀처럼 자리에서 일어날 수 없었던 그 느낌을, 그저 조금 더.

얼마 전 그 비슷한 느낌을 받은 적이 있다.

늦은 밤 어떤 책의 마지막 책장을 덮던 순간이었다.
마지막 장, 마지막 문장의 마침표까지도 다 읽어 놓곤
더 이상 그 책이 내게 줄 수 있는 새로운 글귀는
하나도 남아 있지 않다는 걸 알면서도
나는 그 책의 주변을 한참이나 서성였다.

잠을 잘 수도 없었고 TV를 켤 수도 없었고
그렇다고 다른 책에 손이 가지도 않았다.
그저 방금 전 마지막 책장을 덮은 그 책을 만지작만지작.
그렇게 한참을 멍하니 앉아 있었던 기억.

그런 책이 있다.
그런 영화가 있다.

마지막 장의 마지막 마침표까지도 이미 다 확인했지만
쉽게 놓아지지 않는 책.
회색으로 변해버린 스크린을 몇 번이나 확인했지만
쉽게 발길을 돌릴 수 없는 영화.

그리고 그런 사람 또한 있는 모양이다.

분명 이젠 다 끝났다는 걸 알지만
쉽게 놓아버릴 수 없는
쉽게 이렇다 저렇다 떠들어댈 수 없는
쉽게 다른 사람에게 그 자리를 내줄 수도 없는 그런 사람.
참 여운이 긴, 그런 사람.

긴 밤

언제였더라.
꽤 늦은 시간에 지하철을 탔다.

사람은 그리 많지 않았다.

늦은 시간까지 공부를 하다 집에 가는 길인 걸까?
아니면 아르바이트를 하다?
꽤 지친 표정으로 앉아 있는 대학생쯤으로 보이는 청년.
역시 초점 없는 눈빛으로 멍하니
깜깜한 창밖만을 바라보고 있는 아저씨.
고개를 가누지 못한 채 꾸벅꾸벅 졸고 있는 아가씨.
휴대폰만 만지작거리는 여학생.

하지만 잠시 후
고요한 지하철 안이 시끄러워졌다.

제법 술에 취한 양복 입은 아저씨 한 명이 등장한 거다.
아저씨는 계속 큰 소리로 알 수 없는 이야기들을 쏟아냈지만
그 이야기들은 그저 허공으로 사라지고 있었다.

아무도 관심이 없었다.

대학생쯤으로 보이는 청년은
여전히 지친 표정이었고.
깜깜한 창밖만을 바라보고 있던 아저씨는

여전히 초점 없는 눈빛.
아가씨는 여전히 꾸벅꾸벅.
여학생은 여전히 휴대폰만 만지작만지작.

나 또한 마찬가지였다.
이어폰에서 흘러나오는 음악 볼륨을 조금 높이며
술 취한 아저씨가 나에게 괜한 시비만 걸지 않았으면 좋겠다는 마음으로
그저 깜깜한 창밖만을 바라보고 있었다.

그런데 그 창으로 비치는 지하철 안 풍경이
왜 그리 슬퍼 보이던지.

모두가 지쳐 보였고
모두가 외로워 보였고
모두가 슬퍼 보였다.

어쩌면 나의 착각이었는지도 모른다.
그저 이어폰에서 흘러나오는 음악이 슬펐을 뿐일지도 모르고
그저 나 하나의 마음만이 슬펐을지도 모른다.

그런데 그 순간 떠오른 이야기 하나.

인도 신화 중에 이런 이야기가 있다.
남편을 잃은 여자가 계속 괴로워하고 슬퍼하자
신들이 이를 가엾게 여겨 마음을 달래 줄 방법을 찾다
밤을 만들었다는 이야기.
밤 덕분에 인간은
슬픔을 이기고 희망을 꿈꾸게 됐다는 이야기.

어쩌면 어느 정도는 맞는 이야기일지도 모른다.

어쨌든 이 밤이 지나면 우리는
또다시 학교로 회사로 일상으로
아무렇지 않은 듯 씩씩하게 돌아가곤 하니까.

아무 일 없었다는 듯
슬펐던 긴 밤을 지나 다시 아침으로
어쨌든 우리는, 돌아가야 하니까.

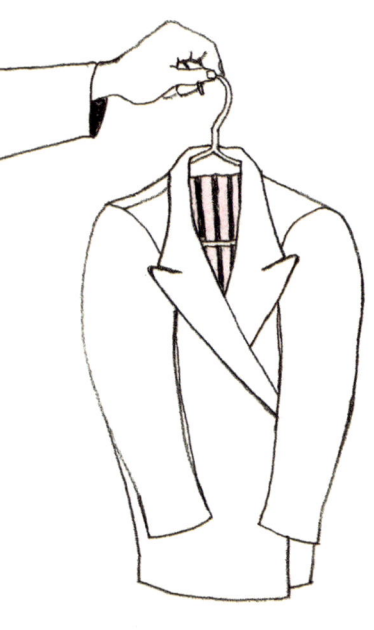

슬펐던 긴 밤을 지나

다시 아침으로

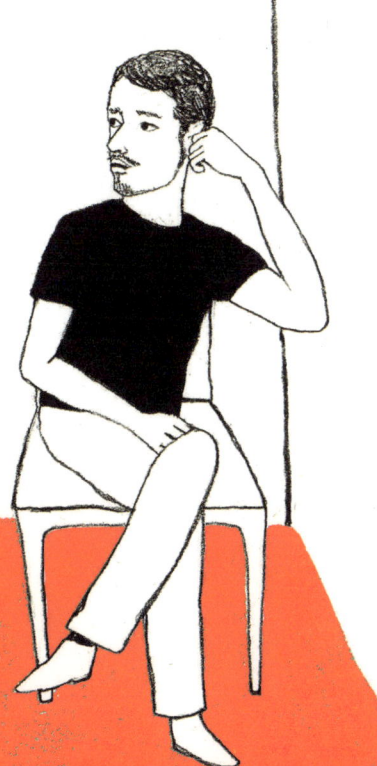

그렇지 않아

'그렇지 않아.'

선배로부터 도착한 메일의 제목.
'그렇지 않아.'

참 이상한 일이다. 안 좋은 일은 꼭 연달아 오는 것.
마치 도미노의 첫 번째 조각이 넘어진 듯
정신을 차릴 수 없을 정도로 연달아 우르르르.
그때의 나 또한 그랬다.
이제 좀 정신을 차리겠다 싶으면 저쪽에서 쿵.
저쪽을 바라보며 한숨 쉬고 있노라면 또 이쪽에서 쿵.

그럴 땐 꼭 인간관계에도 문제가 생긴다.
심란한 마음 때문에 내가 예민해져서인지
아니면 그 또한 넘어지는 도미노 조각 중 하나인 건지
인간관계 또한 삐거덕삐거덕.

"됐어, 몰라. 다 절연하지 뭐, 절연."
술자리에서 농담처럼 내뱉은 말이었다.
그리고 우리는 또 다른 화제들로 한참을 깔깔거리며 웃고 떠들었다.

그런데 그날 새벽
또다시 잠을 이루지 못하고 컴퓨터 앞에 앉았을 때
'그렇지 않아.'
선배로부터 메일이 도착해 있었다.

'너에게 스크래치를 주는 사람들 때문에
안 그래도 부족한 너의 밤잠을 조금씩 강탈당하는 거 같은데
너는 절연 시대의 주역은 아니 될 거야.
그러기엔 넌, 너무 남에게 마음을 많이 줬어.'

그렇게 시작되는 메일에
나도 몰래 뜨거워지는 눈시울.
서둘러 답장을 누르고 글을 썼다.

'울 뻔했네, 젠장. 꼭 이런 식이야.
신은 어찌나 밀고 당기기를 잘하시는지 꼭 그래.
구석까지 몰아치고 몰아치다 이제 정말 포기다 싶은 순간
이런 식으로 당근을 던져 준다. 마치 이렇게 말하는 것 같아.
어때? 그래도 살 만하지?'

신은 우리에게 두 개의 문을 주셨다는 이야기가 있다.
절대로 동시에 두 문을 잠그지 않으시기에
한쪽 문만을 바라보며 끝없이 슬퍼하는 사람은
절대 다른 쪽 문이 열리는 것을 보지 못한다는 이야기.

두 개의 문.
솔직히 난, 아직 거기까진 잘 모르겠다.
하지만 가끔 이런 생각은 든다.

기대치 못한 순간 기대치 못한 위로를 받았을 때.
기대치 못한 순간 기대치 못한 감동을 받았을 때.

신은 정말
밀고 당기기 하나는
끝내주게 잘하시는 것 같다는 생각.

두 번째

12월 31일.
많은 사람들이 일출을 보기 위해 동해로 향한다는 그날.
나는 일몰을 보기 위해 서쪽으로 향했다.
그렇게 도착한 고창 도솔산 낙조대.

어떤 이는 이곳에서 보는 일몰을
우리나라에서 두 번째로 아름다운 일몰이라 표현했다.
첫 번째가 아닌 두 번째인 이유는
혹시라도 내가 아직 보지 못한 일몰 중에
이보다 더 좋은 풍경이 있을까 봐 양보한 것.

그저 그 표현이 참 좋았다.
'우리나라에서 두 번째로 아름다운 일몰.'
그래서 무작정 12월 31일
나는 그곳을 찾아갔던 것 같다.

그해의 마지막 날.
나는 왜 일출이 아닌 일몰이 보고 싶었던 걸까.

그저 힘들었던 것 같다.
오랫동안 준비했던 시험도 좋지 않은 결과.
오랫동안 만나 왔던 사람과도 좋지 않은 결과.
그런, 이런저런 이유로 그해의 나는 힘들었다.
그것도 참 많이.

그해 나는 이런 생각을 했던 것 같다.

앞으로 이보다 더 안 좋은 상황이 찾아올 수도 있잖아?
이번 해는 그저
내게 두 번째로 힘든 한 해였을 뿐이야.
이 정도 고비도 넘기지 못하면
정말 힘든 일이 찾아왔을 때 난 무너지고 말 거야.

내 삶의 두 번째로 힘든 한 해가 지나가는 것을
내 눈으로 똑똑히 확인하고 싶었던 걸까.
나는 우리나라에서
두 번째로 아름답다는 일몰을 보러 그곳을 찾아갔다.

저 해가 지고 나면 내 힘듦도 사라지기를.
이 해가 지나가면 내 마음도 조금은 편안해지기를.

그곳에 서서 나는 한참이나
이런 혼잣말을 되뇌었던 것 같다.

신scene과 신 사이

내가 정말 회사를 그만뒀구나 싶을 때, 참 많다.

아침에 늦잠 잘 때.
평일 대낮에 거리를 활보할 때.
밤늦게까지 딴짓을 하면서
내일 몇 시에 일어나야 하니까 이제 그만 자야지,
이런 생각 안 해도 될 때.

하지만 무엇보다
내가 회사를 그만뒀음을 실감할 때는
누군가 나의 직업을 물어 올 때다.
그리고 어학연수를 준비하면서 각종 서류들에
나의 신상명세를 적어야 할 일들이 많아졌는데
그 서류들에서 '직업란'을 만날 때.

생각해 보니 대학을 졸업하고 바로 취업을 한 나는
그것에 대해 고민해 볼 필요가 없었다.
'학생' 혹은 '회사원'이라 적으면 됐으니까.

하지만 지금의 나.
학생도 아니고 회사원도 아닌 나는 뭐라 적어야 하지?
백수? 무직? 없음? 집에서 놀아요?
결국 나는 가장 무난한 '무직'을 선택했다.

내 손으로 '무.직.'

이 두 글자를 쓸 때의 느낌은 꽤 묘하다.
나는 분명 아무것도 하지 않고 있는 게 아닌데
그 무직이란 두 글자가
'나는 지금 아무것도 하지 않고 있음.'
꼭 이렇게 말하는 것만 같아서.

언젠가 이런 말을 들은 적이 있다.

'좋은 감독은
모든 신(scene)을 잘 찍는 감독이 아니라
신과 신 사이를 잘 찍는 감독이다.'

나는 감독이 아니라서
신과 신을 잘 찍는다는 말이
정확히 무슨 의미인지는 잘 모르겠지만
그 말이 지금의 내게 어떤 의미인지는 정확히 알 것 같다.

나는 지금 아무것도 하지 않고 있는 게 아니다.
지금까지 잘 달려왔고 앞으로도 잘 달려갈 거다.
다만 그사이 잠깐,
숨을 고르고 있는 것뿐.

아마도 내 인생이 영화라면
지금이 바로 그 신과 신 사이가 아닐까?
나는 그 사이를
정말 잘 찍는, 좋은 감독이 되고 싶다.

어떤 하루

우리를
어른스럽지 못하게 만드는 순간

내가 아주 어렸을 때
저녁 식사를 준비하시던 엄마가 손을 크게 베인 적이 있다.

엄마의 손에서 빨간 피가 뚝뚝 떨어지는데
나는 그만 너무 무서워서 울음을 터뜨렸다.

손을 베인 것도 엄마고 아픈 것도 엄마일 텐데
정작 울음을 터뜨린 건 나.
엄마는 그런 나를 달래느라 한참이나 나를 안고 토닥토닥.

"괜찮아. 괜찮아. 정말 괜찮아.
엄마는 하나도 안 아파."

그때 나는 이렇게 생각했던 것 같다.
어른이 되면
웬만한 것에는 잘 아프지 않은 모양이라고.

나이를 먹어도 먹어도
아픔은 누구에게나 다 똑같다는 걸 깨닫게 된 건
그러고도 한참 후의 이야기.

어른이 된다는 것은
아픔을 잘 참아낼 수 있게 된다는 것,
아니 아픔을 잘 참아내야만 한다는 걸 깨닫게 된 건
조금 더 후의 이야기.

쉽게 울어버려서도 안 되고
사소한 일에 엄살 부리고 투정 부려서도 안 되며
안 아픈 척, 안 힘든 척, 다 괜찮은 척.
그래야만 사람들에게 무시당하지 않고
어린애 취급받지 않고
'어른답다'란 말을 들을 수 있다는 걸 깨닫게 된 거다.

그래서일까.
나이를 먹어 가면서
나를 다독이는 방법을 깨달아 가는 거 말이다.

화가 날 때 술로 그 화를 누르는 사람도 있고
게임이나 운동으로 스트레스를 푸는 사람도 있고
또 초콜릿 같은 달콤한 먹을 것으로 기분 전환을 삼는 사람도 있고.
누구나 내 마음을 다독이는 비법 한두 가지쯤은 갖게 되는 거 말이다.

그런데 이럴 땐 어떻게 해야 하는 걸까?

아무리 술을 마셔 봐도
아무리 운동을 해 봐도
아무리 맛있는 음식으로 나를 달래 봐도
도무지 기분이 좋아지지 않는, 기운이 나지 않는,
도저히 안 아픈 척, 안 힘든 척, 다 괜찮은 척, 할 수 없는 그런 순간.

어른이 된 다음에도 가끔씩 찾아오는
우리를 '어른스럽지 못하게 만드는 그런 순간'엔.

눈 오는
소리

꽤 이른 새벽, 잠에서 깼다.

방 안이 깜깜한 걸 보니
아직 해도 뜨지 않은 것 같고
더듬더듬 휴대폰을 찾아 시간을 확인하니
아직 알람도 울리지 않은 게 분명한데
그냥, 눈이 떠졌다.

조금 더 자 보자.
다시 눈을 감고 자세를 고쳐 누워 봤지만
좀처럼, 잠이 오지 않았다.

마음 한편이 간질간질.
이유를 알 수 없는 한숨이 자꾸만 새어 나와 뒤척뒤척.

한참을 뒤척이다 결국 일어나버렸다.
그리고 창문가로 다가가 커튼을 젖혀 연 순간
눈이, 오고 있었다.

비 오는 소리에 잠에서 깬 적은 여러 번 있었던 것 같은데
눈 오는 소리도, 있는 걸까?
마치 이 눈 때문에 잠에서 깬 듯한 느낌.

창문을 열고 고개를 빠끔.
밤새 하얗게 변해버린 거리를 내려다봤다.

한 아저씨가 이 새벽부터 열심히 눈을 쓸고 계신다.
그 위로 다시 소복소복 눈이 쌓이고 있는데도 열심히 또 열심히.

한참이나 아저씨의 눈 쓰는 모습을 내려다보다
앗, 추워.
몸으로 스며드는 한기에 부르르.
다시 창문을 닫고 침대로 돌아왔다.

그런데도 역시
잠은, 다시 오지 않았다.

소복소복.
눈 오는 소리가 들려오는 듯한 기분.
소복소복.
쓸어도 쓸어도 다시 그 위로 눈 쌓이는 소리가 들려오는 듯한 기분.

소복소복.
아무리 쓸고 또 쓸어도 내 마음으로 소복소복.
그리움이 쌓이는 소리가 들려오는 듯한 기분에.

나 오늘 힘들어
자리

우울해하는 친구의 이야기를 한참 들어주다 갑자기 억울해졌다.
"근데 크리스마스를 함께 보낼 여자친구도 있는 널,
왜 혼자인 내가 달래 줘야 하는 거니?"

그러자 친구는 웃으며 이렇게 말했다.
"그런 게 어디 있냐?
더 밝은 쪽이 더 어두운 쪽을 달래 주는 거지."

그때 나는 이렇게 받아쳤던 것 같다.
"그게 아닌 것 같다.
그냥 네가 먼저 '나 오늘 힘들어 자리'를 꿰찬 것일 뿐."

혼자인 사람이
커플들의 힘든 이야기를 들어주게 되는 일은 다반사다.

혹자는
혼자일 때 외로운 것보다
옆에 누군가 있는 데도 외로운 것이 더 외로운 거란 주장도 펼치지만
거기까진 잘 모르겠고.

커플의 외로움이나 괴로움엔
눈에 보이는 뚜렷한 현안이 존재하지만
솔로들의 외로움과 괴로움은 너무 막연한 것이어서
딱히 그 문제를 두고 누군가에게 호소하기란 힘들긴 하다.

친구가 와서 이런 이런 문제로 연인과 다퉜다며
아주 구체적인 안건을 가지고 '나 오늘 힘들어 자리'를 먼저 차지했는데
거기다 대고
"나 외로워. 어떡하지?"
이런 막연한 안건으로 그 자리를 빼앗기란 쉽지 않으니까.

영화관 팔걸이는
과연 어느 쪽이 내 것인가라는 문제에
'먼저 차지한 사람이 임자'라는 얘길 들은 적이 있는데
그와 비슷한 거다.

솔로가 더 힘드냐, 커플이 더 힘드냐.
내가 더 힘드냐, 네가 더 힘드냐.

사실 문제는 그게 아닌 거다.

우는 아이 떡 하나 더 준다고
먼저 우는 놈이
'나 오늘 힘들어 자리'를 차지하게 되는 거고
먼저 우는 놈, 혹은 더 크게 우는 놈이
떡이라도 하나 더 얻어먹게 되는 거다.

울지 않는다고
덜 배고픈 것도 덜 외로운 것도 덜 힘든 것도 아니지만
먼저 소리 내 크게 울어버리지 않으면
'나 오늘 힘들어 자리'는 또 누군가에게 내줄 수밖에 없는 법.

그래서 혼자인 게 힘든 건가 싶다.
먼저 울어버리는 일도 쉽지 않은데
먼저 울어버리는 커플들의 하소연까지 들어줘야 하는 게
혼자라서.

레퍼토리

"내가 그때 네 할아버지만 만나지 않았어도!"

할머니의 레퍼토리 중 하나였다.
할아버지와 처음 만난 날의 이야기.
"내가 그때 네 할아버지만 만나지 않았어도!"
늘 조금은 원망 섞인 말투로 이야기를 시작하셨지만
그때마다 할머니의 얼굴엔
사랑에 빠진 열일곱 수줍은 소녀의 표정이 나타나곤 했다.

참 신기했다.
나중에는 돋보기를 쓰고 계시면서도 내 돋보기 못 봤냐 물으시고,
조금 전에 밥을 먹고 상을 치웠는데도
"우리 손주 밥 먹고 가야지, 할미가 금방 해 줄게."
다시 자리를 털고 일어나실 정도로 깜빡깜빡.
많은 것을 잊어 가고 계신 듯 보였지만
그때도 할머니의 레퍼토리만은 계속됐다.

"내가 그때 네 할아버지만 만나지 않았어도!"
"그때 처음으로 우리집이란 게 생겼을 때…."
"내가 그 얘기해 준 적이 있더냐. 네 아부지 대학 합격하던 날…."

똑같은 레퍼토리를
한 자도 빼놓지 않고
한순간도 놓치지 않고
기억하고 말씀하신다는 게 참 신기했다.

그런데 얼마 전
어떤 소설을 보다 이 대목에서 나는
할머니 생각에 잠시 눈을 멈추게 됐다.

'노인들이 본질적이지 않은 모든 것을 잊어버린다는 사실은
생의 승리이다.
하지만 우리는 우리에게 정말로 중요한 것을 잊는 경우는 극히 드물다.
자기 보물을 어디에 숨겼는지 잊어버리는 노인은 없다.'

그런 거 아니었을까.
이미 많은 것을 잊었지만
할머니가 그 몇 가지 레퍼토리만은 절대 잊을 수 없었던 이유.
그건 그 추억들이
할머니 생의 가장 보물 같았던 순간들이었기 때문 아니었을까.

힘들고 고생스러운 기억만이 가득했던 삶이라 생각했다,
우리 할머니의 삶.
하지만 그 삶 속에도 반짝반짝 빛나는,
절대 잊을 수 없는 추억들이 존재했다는 것은 참 다행스럽고 고마운 일.
그만큼 할머니가 자신의 생을 열심히 가꾸셨다는 증거.

생각이 거기까지 미치자
나는 갑자기 궁금한 것들이 많아졌다.

내가 할머니의 나이가 됐을 때
나는 과연 몇 개의 레퍼토리를 읊어댈 수 있을까.
지금 이 순간은 기억할 수 있을까.

반짝반짝 빛나는
내 생의 보물 같은 순간들을
나는 지금 잘 만들어 나가고 있는 걸까.

안식처

내가 몹시 어렸을 때
혼날 만한 짓을 하고 숨는 곳은 딱 정해져 있었다고 한다.
부엌 식탁 밑, 혹은 아빠 책상 밑.

매번 걸리면서도 매번 똑같은 데 숨는 내가
참 바보 같아 보였다는 엄마의 얘길 들으며 늘 웃곤 했는데
나뿐 아니라 많은 아이들이 마음이 불안할 때면
식탁 밑에 숨는다는 이야기를 들었다.

어둡고 좁은 곳에 웅크리고 앉아 있으면
아이들은 엄마의 자궁 안에 있는 느낌이 들어
마음이 안정되기 때문이라는 기사도 본 적이 있다.

어른인 우리들에게도 그런 장소가 하나쯤은 있다.
우울할 때면 찾게 되는 공원이나 건물 옥상.
또 직장인 친구들에게
회사에서 짜증나는 일이 있을 때마다
화장실에 숨어 앉아 마음을 가라앉힌다는 이야기도 여러 번 들은 것 같다.

그곳으로 숨어들어 가면 이상하게 마음이 편해지는 곳.
그곳이 꼭 '장소'가 아닐 때도 있다.

낯선 사람들, 날 거북하게 하는 사람들.
그런 사람들과 함께 있다 내가 좋아하는 사람, 오랜 친구를 만나면
별 대화 나누지 않아도 마음이 편해지는 거.

혼자 자취를 하다 오랜만에 가족들을 만나면
아무 이유 없이 안도감이 드는 거.

우리는 그렇게 종종
장소가 아닌 '사람'에게로 숨어들기도 한다.

그 사람과 함께 있으면
나도 모르게 마음이 편안해지고,
그 사람과 함께 있는 순간만큼은
모든 걱정 고민이 사라지고.

알람이 울려도
이불을 돌돌 말며 그 순간의 포근함에서 빠져나오기 싫듯
그 사람과 함께 있으면
이대로 시간이 멈춰버렸으면 좋겠다는 생각이 들 정도로
충만한 행복감에 휩싸이게 되는.

역시 그런 아지트로는
내 사람, 내 사랑보다 좋은 것은 없을 터.

그래서인가 보다.
사랑이란 것이 하고 싶은 이유.

지난날 아무리 아픈 상처가 있었다 한들
또 사랑이란 것이 하고 싶어지는 이유.
나 혼자 씩씩하게 잘 살 수 있어 생각하면서도
마음 한편으론 또 다른 사랑을 기대하게 되는 이유.

우리에겐 필요하니까.
숨어들어 갈 수 있는 나만의 포근한 안식처가.

웃기면 그냥 웃으면 되고

슬프면 그냥 슬퍼하면 되고

좋으면 그냥 좋은 대로 즐기면 되는 건데

그게 어려워서

나는 참 많은 것들을

제대로 느끼지도 못한 채

제대로 즐기지도 못한 채

흘리듯 놓쳐버린 거다.

그 많은 좋은 책, 좋은 영화, 좋은 음악.

그리고 좋은 사람들을.

흘리듯 놓쳐버린
좋은 사람들

어디 한번 네 멋대로 해 볼 때까지 해 보라며

내버려 둘 생각이다

청춘 열차

교통비가 꽤 비싼 일본에선
여름방학, 겨울방학 기간 동안
꽤 저렴한 가격의 '청춘 열차'란 티켓이 개설된다.

처음 그 티켓의 이름이 '청춘'이란 얘길 들었을 때
나는 그것이, 청춘!
즉 젊은 사람들에게만 파는 티켓인 줄 알았다.

하지만 그렇지 않았다.
남녀노소 모두가 이용 가능한 티켓.
그런데 왜 티켓 이름이 '청춘'일까?
궁금함에 덜컥 그 티켓을 구입했던 기억이 난다.

무척 저렴한 가격으로 5일 동안 자유롭게 어디든 갈 수 있는 티켓.
하지만 짧은 시간 짬을 내서 일본 여행을 해야 하는 친구들에겐
절대 추천하고 싶지 않다.
그 티켓으로는 신칸센, 즉 고속철도는 탈 수 없기 때문이다.

신칸센으로는
한두 시간 안에 갈 수 있는 거리를
청춘 티켓으로는
우리나라 무궁화호나 통일호 같은 걸 몇 번이나 갈아타며
대여섯 시간 이상은 투자해야 한다.
시간이 곧 돈인 짧은 여행에서는 말도 안 되는 이야기.

처음엔 나도
내가 왜 이걸 사서 이 고생을 하고 있나.
그냥 돈 좀 더 쓰고 신칸센 탈걸.
몇 번이나 후회했는지 모른다.

하지만 어느 순간부터 나는
청춘 티켓 시스템에 완전히 적응됐다.

지어진 역사마다 느릿느릿 정차하며 천천히 움직이는 열차.
그에 맞춰 내 이어폰에서 흘러나오는 느린 템포의 음악.
창문 밖으로 보이는 한 장면 한 장면을 눈 안에 담는 시간.
갈아타야 하는 역에 내려 한참을 또 멍하니 앉아 있기.

어느 순간부터
그 모든 게 조금도 불편하게 느껴지지 않았다.

아니 오히려
지금이 아니면
언제 또 내가 이런 기분을 만끽할 수 있을까, 싶었달까.

언젠가 이런 글을 읽은 기억이 난다.

'불안이 손바닥 위에서 혀를 내밀고 말았다.
그래도 나의 이십 대는
그렇게 어디 한번
네 멋대로 해 볼 때까지 해 보라며 내버려 둘 생각이다.'

돌아 돌아 천천히 천천히.
끝이 보이지 않는 이 길이 답답해 오고 불안해 오더라도
지름길을 선택하지 않는다.

그것이 청춘 티켓의 법칙.

그리고 어쩌면 그것이 청춘,
젊음의 진짜 의미가 아닐까.

불안이 손바닥 위에서 혀를 내밀어도
그래 어디 한번
내 멋대로 해 볼 때까지 해 보자며
버틸 수 있는 것.
청춘이 가진 가장 큰 무기는 젊음, 즉 시간이니까.

1. 2. 3. 4. 5. 6. 7.

아주 오래전에 봤던 그림책인데
아직까지도 생생하게 기억나는 그림 한 컷이 있다.

시도 때도 없이 얼굴이 빨개지는 아이와
시도 때도 없이 재채기를 하는 아이.
다른 아이들이 아무리 놀려대도 둘이라면 족하다.
딱히 특별한 화젯거리를 갖고 떠들어대지 않아도 그저 편한 친구.
두 아이는 서로에게 그런 존재였다.

그 책의 마지막 장면은
두 아이가 어른이 된 다음 커다란 나무 아래 나란히 앉아 있는 모습.
두 사람은 한마디도 나누지 않는다.
다만 한 사람은 얼굴이 빨개져 있고
한 사람은 에취 에취 재채기를 해대고.
그것뿐인데도 두 사람 얼굴에 피어나는 미소.
세상 그 누구보다도 편안해 보이는 모습.

그 마지막 그림이
오랫동안 내 기억 속에서 지워지지 않았던 이유.
나 또한 그런 친구를 갖고 싶었기 때문이었을까.

이런 장면이 등장하는 영화도 있다.

"이게 지도예요? 이걸 보고 어떻게 찾아가요?"

그냥 선만 두 개 찍찍 그어져 있고 지도에는 이렇게 적혀 있다.

'왠지 불안해지는 지점에서
2분 정도 더 참고 가면 거기서 오른쪽입니다.'

이방인은 그 지도를 좀처럼 이해할 수 없었지만
지도를 그려 준 사람도 그 지도를 받아 든 사람도 여유만만.
그리고 정말 거짓말처럼 그 지도만으로 길을 찾게 된다.

그런 관계.
그런 사람이 그립다 느껴질 때가 있다.

많은 말을 하지 않아도
많은 설명을 덧붙이지 않아도
내 생각을, 내 상황을, 내 진심을 모두 알아챌 수 있는 사람.
모두 이해해 줄 수 있는 사람.

아마도 그런 생각들에 머리가 복잡했던 어떤 날이었나 보다.
친구에게 걸려 온 전화 한 통.

전화를 받자마자
친구는 다짜고짜 순서가 엉망진창인 이야기를 두서없이 늘어놓았고
"너 도대체 무슨 소릴 하는 거야!?"
나는 버럭 소리를 질렀는데
수화기 너머로 잠시 침묵하던 친구가 이렇게 말했다.

"너… 사실 알아들었지?"

갑자기 웃음이 났다.
두서없는 친구의 이야기를
정말 난, 다 알아들었기 때문이었다.

그렇게 웃고 나니 마음이 한결 편해졌던 기억.
그런 친구가 곁에 있다는 게 참 고맙다 생각됐던 기억.

그런 관계.
그런 사람이 그리워질 때가 있으니까.

1. 2. 3. 4. 5. 6. 7.
순서대로 이야기하지 않아도
1. 3. 5. 7.
내 맘대로 건너뛰며 얘길 해도
내 말을, 내 마음을 다 알아주는 그런 사람.

세상엔 너무 많으니까.

1. 2. 3. 4. 5. 6. 7.
아무리 천천히 순서대로 차근차근 얘길 해도
내 말을, 내 마음을 못 알아채는 사람들도
세상엔 너무 많으니까.

서로의 불행을 털어놓으며
정을 쌓아 가는 동물

"연애 못 하는 게 무슨 걱정이야.
이상한 사람 만나서 고생하는 게 더 걱정이지."

선배는 늘 말했다.
괜히 어설프게 나랑 잘 맞지도 않는 사람 만나서 고생하느니
좀 외로워도 혼자 지내는 게 백번 낫다고.
선배의 말에 나는 늘 동의했다.
연애하는 주변 친구들을 봐도 웬만해선 부럽지 않았으니까.

간섭이 심한 연인 때문에
친구들과 술 한잔 마음 편하게 못 하는 것이 불만이라는 친구.
반대로 너무 무심한 연인 때문에
이게 연애를 하는 건지 아닌 건지 잘 모르겠다며 투덜대는 친구.
너무 잘난 연인 때문에 자격지심 느끼는 친구.
데이트 비용 단 한 푼도 보태지 않는 연인이 짜증스럽다는 친구.
성격이 너무 비슷해서 늘 싸운다는 친구.
달라도 너무 달라서 말이 안 통한다는 친구.

연인에 대한 불만은 정말 가지가지.

그러니 나 또한,
'그래, 연애 못 하는 게 무슨 문제야?
이상한 사람 만나느니
연애 그까짓 거 안 하는 게 훨씬 마음 편하지.'
늘 이렇게 생각할 수밖에 없었던 거다.

하지만 문제는
내 앞에서 늘 그렇게 투덜투덜.
연인에 대한 불만을 늘어놓던 친구들이
내가 꼭 필요할 때는 연락이 잘 안 된다는 것.

"전화했었냐?
여자들은 뭔 놈의 나들이를 그렇게 좋아하는지
어제도 차 겁나 막히는데 강원도까지 갔다 왔잖아."

"오늘은 진짜 안 돼.
요즘 맨날 야근하느라 여자친구 못 만나서 화가 단단히 났거든!"

"미안. 오늘이 무슨, 만난 지 200일이라나 뭐라나.
여자들은 도대체 왜 그렇게 기념일을 따져대는 거냐?"

그런 날,
친구들이 나를 만나지 못하는 이유도 정말 가지가지.

결국 혼자 편의점에 들려 맥주 두 캔을 사서
비닐봉지 달랑달랑 흔들며 쓸쓸히 집에 오는 길.
어떤 소설 속 이야기가 떠올랐다.

'한쪽이 행복할 때는 유대감이 형성될 수 없어.
인간은 결국 서로의 불행을 털어놓으며 정을 쌓아 가는 동물이거든.'

그런 거였다.
연애하는 친구들을 내가 웬만해선 부러워할 수 없었던 이유.
그건 그것들이
자신의 연인과 알콩달콩 행복해 죽겠을 때는
절대 나를 찾아오지 않았기 때문이었던 거다.

하얀 모니터 위로 깜빡이는
커서

매주 금요일 저녁 6시.
하루 종일 퇴근 시간만 기다렸던 사람처럼
이미 챙겨 놓은 짐을 들고 잽싸게 회사를 빠져나온다.
솔직히 퇴근 시간 30분 전부터
1분에 한 번씩은 시계를 쳐다본다.

얼마 전부터 나는 시나리오 수업을 듣고 있다.
아주 오랫동안 체념 상태로 버려뒀던 내 꿈을
올해 초 살포시 다시 꺼내 본 거였다.

직장 생활 하면서 학원에 다니고
또 학원에서 내주는 습작 과제를 다해내려면 정말 힘에 겹다.
한글창을 띄워 놓고 한 시간, 두 시간….
결국 단 한 줄도 쓰지 못하고 깜빡이는 커서만을 노려보며
밤을 지새운 적도 있다.

그렇기에 매주 충실하게 과제를 다해 오는 다른 친구들
게다가 그 내용까지 훌륭한 다른 친구들의 작품을 보고 있노라면
한숨이 푹푹 나오고
내가 괜한 짓을 시작한 게 아닌가 자괴감이 들고.

그러다 며칠 전 영화를 한 편 봤다.
영화를 보는 내내 속이 울렁거렸다.
흠잡을 데 없이 훌륭한 영화를 만났다는 것은
기분 좋은 일임과 동시에 조금은 슬픈 일이었다.

집에 가는 길 친구에게 전화를 걸었다.

"그런 좋은 영화를 만드는 사람도 세상엔 이미 많은데
나는 그냥, 지금 하는 일이나 열심히 해야 할까 봐."

그때 친구는 이렇게 말했다.

"네가 시나리오를 쓰고 싶어 하는 건
그 사람보다 더 잘하고 싶어서는 아니잖니?"

그러게 말이다.
내가 시나리오를 쓰고 싶어 하는 건
누구보다 더 잘 쓰고 싶어서가 아니라
그냥 내가 하고 싶기 때문인 건데
나는 종종 그걸 잊는다.

나보다 백배는 더 잘 쓰는 친구들.
나보다 백배는 더 좋은 영화들을 만들어내는 사람들.
세상엔 그런 사람들도 있는 거고 나도 있는 건데
나는 종종 그걸 잊는다.

나는 그저 내가 지금 하고 싶은 것.
내가 지금 하고 싶은 이야기를 해 나가면 되는 건데
나는 종종 그걸 잊는다.

하얀 모니터 위로 깜빡이는 커서와 눈싸움만 하며
단 한 글자도 쓰지 못하고
하얗게 밝아 오는 새벽을 맞는 일이
가끔은 너무, 힘에 겨워서.

운동화
두 켤레

"올 때는 미리 좀 전화를 하라니까!"

지난 토요일.
또 연락도 없이 엄마가 불쑥 서울에 올라오셨다.

웬만하면 약속 다 취소하고
엄마랑 같이 외식도 하고 영화도 보고 그럴 텐데
이번 주까지 반드시 마쳐야 할 일이 있어 그러지도 못하고
나름 허둥지둥 서두르긴 했는데 집에 돌아오니 벌써 10시.

9시 뉴스의 시작과 함께 취침 모드로 들어가시는 엄마는
벌써 자리를 펴고 누워 계셨다.
그리고 집은,
내 집이 아닌 양 반짝반짝.
하루 종일 또 쓸고 닦고 하셨나 보다.
냉장고를 열어 보니 냉장고 청소까지 다하시고
각종 엄마표 반찬들로 다시 그 빈 공간을 채워 두신 엄마.

그런데 다음 날,
나는 또 늦잠을 자고 말았다. 일요일이었던 거다.
한 주의 피로가 몰려서 찾아오는 일요일 오전.
눈을 뜨자 화장실에서 부산스러운 소리가 들려온다.
쪼르르 달려가 보니
엄마는 화장실에 쭈그리고 앉아
헌 칫솔로 내 운동화를 박박 닦고 계셨다.

"뭐하러 고생스럽게!
그냥 세탁망에 넣고 세탁기로 돌리면 되는데!"

화장실 문턱에 쪼그리고 앉아 구시렁거리는 내게 엄마는 말했다.

"그럼 안 깨끗해.
운동화는 이렇게 칫솔로 박박 닦아 줘야 새것처럼 하얘지지.
아가씨가 더러운 운동화 신고 다니면 못 써."

같이 저녁도 먹고 천천히 내려가시라 해도
아빠가 기다린다며
운동화만 빨아 놓곤 서둘러 짐을 챙기시는 엄마.
그대로 엄마를 터미널까지 모셔다드리고 집에 돌아왔는데
현관문에 들어서자마자
창가에 햇볕을 받아 반짝이는 운동화 두 켤레가 눈에 들어온다.

그대로 신발만 벗고 들어와
바닥에 벌렁 드러누워 한참을 바라봤다.
창문 밖으로 보이는 파란 하늘과
햇볕을 받아 반짝이는 하얀 운동화.

그리고 이어 엄마의 모습이 그려졌다.
혼자 고속버스에 앉아 창가로 쏟아지는 햇볕을 받으며
1박 2일 대청소의 피로감을 뒤로 한 채
꾸벅꾸벅 졸고 있을 엄마의 모습이.

떡볶이

나는 떡볶이를 사랑한다.
그중에서도 '그 집' 즉석 떡볶이를 매우 편애한다.
아니 편애했다.

어디서든 바퀴벌레가 튀어나올 것만 같은 꾀죄죄한 식당 풍경.
항상 설거지가 제대로 되어 있지 않은 컵과 그릇들.
그리고 늘 한쪽 구석에서 졸고 계시다
우리가 들어가면 너무너무 귀찮다는 듯 일어나
턱, 국물이 옷에 튈 정도로 거세게 냄비를 불 위에 올려놓곤
뒤도 안 돌아보고 바로 제자리로 돌아가
다시 졸기 시작하는 아줌마의 불친절까지 다!
전부 다! 용서될 정도였다.
그 집 즉석 떡볶이의 기가 막힌 그 맛은.

일주일에 두 번 정도는 갔다.
나는 정말 그 집 떡볶이를 사랑했다.
하지만 이젠 먹을 수 없다.
그 사람 집 앞에 있는 떡볶이집.

그 사람과 헤어지고 나니 차마 갈 수가 없었다.
그 후 나는,
서울 시내 맛있기로 소문난 온갖 떡볶이집을 다 찾아다녀 봤지만
절대 그 어디서도 그 맛은 찾을 수 없었다.

그런 내게 한 친구가 이런 말을 한 적이 있다.

"너 솔직하게 말해 봐.
사실 네가 진짜 그리운 건
그 떡볶이가 아니라 그 사람인 거 아냐?
무슨 떡볶이 하나에 그렇게 집착을 해?"

네가 진짜 그 집 맛을 몰라서 하는 말이라며 발끈했던 기억.

그런데 오늘 이 밤에도
서울 시내 유명 떡볶이집을 검색하고 있는 내 자신을 보면서
이제 웬만한 데는 다 가 봐서
더 이상 새로운 집도 없단 사실에 좌절하고 있는 내 자신을 보면서
갑자기 자신이 없어진다.

설마 이 많은 맛집들이
다 별로였던 건 아니었을 텐데….

난 정말 그 집 떡볶이가 아닌
그 떡볶이집 앞에 살고 있는, 그 사람이 그리운 걸까.

따뜻한
A4 용지

자신이 쓴 시를 누군가에게 처음 보여 주기 위해
복사를 해 A4 용지를 품고 걸어가는데
복사기 열기가 그대로 남아 아직도 따뜻한 종이가 마치
어린 시절 암탉 둥지에서 막 꺼낸
따끈따끈한 달걀처럼 느껴졌다는 시가 있다.

그리고 그 시엔 이런 구절이 있다.

'아, 내 영혼에서 갓 꺼낸 따끈따끈한 시여!'

그 시를 읽고 난 후 한동안은
프린터에서 막 나온
복사기에서 막 나온 따뜻한 종이를 만질 때마다
그 시 생각이 나 기분이 좋아졌던 것 같다.

나도 한때는
'글쟁이'가 되고 싶단 생각을 했던 적이 있다.

누군가를 생각하며 글을 쓰고
다음 날 그 사람에게 그 글을 보여 줄 생각에
한숨도 못 자고 설레었던 일도 있었고,
스터디에서 자작시를 발표하고
선배들에게 엄청 깨졌던 기억도 있다.

하지만 지금은 모두, 추억이 돼버린 이야기.

지금 다니는 회사에 처음 입사했을 때
난 어느 정도의 현실 타협이라고만 생각했다.
돈을 벌면서 퇴근 후나 주말, 휴가 때
틈틈이 글을 쓰면 된다고 생각했으니까.

그런데 오늘
프린터에서 막 나온 뜨거운 종이를 안고 회의실로 걸어가는데
짜증이 났다.
날도 더운데 인쇄 열이 채 가시지 않은 A4 용지들이
너무나 짜증스럽게만 느껴졌다.

그리고 문득
오래전 읽었던 그 시가 떠올랐다.

'아, 내 영혼에서 갓 꺼낸 따끈따끈한 시여!'

너무나 오랫동안 잊고 있었던 모양이다.

따뜻한 A4 용지를 가슴에 품으면 기분이 좋아졌던 나.
글쟁이가 되고 싶단 꿈을 가슴에 품고 살던, 나를.

많이
변했네

아주 오래전에도
이 섬에 와 본 적이 있다.
이 섬이 이렇게까지 유명한 관광지가 되기 전이었으니까
아주 아주 오래전 일일 것이다.

회사 사람들과 엠티를 다녀오는 길.
서울로 향하는 길은 너무 막혀 있고
이왕 이렇게 된 거
근처에 있는 이 섬에 들렀다 가자는 이야기를 누군가 꺼냈고
그때 바로 이 섬의 풍경들이 머릿속에 떠올랐다.
아주 아주 오래전에
딱 한 번 이 섬에 와 봤을 뿐인데도.

그때와는 다른 계절이고
시간이 많이 흘렀기 때문인지 섬은 많이 달라져 있었다.

아기자기한 조형물들이 늘어났고
상점들도 많아졌고
나무들은 단정해졌고
많은 사람들에게 내보이기 좋도록 단장돼 있는 섬이
왠지 어색한 느낌.

"많이 변했네."

혼잣말처럼 내뱉은 내 말에 사람들이 물어 온다.

이곳에 와 본 적이 있냐고
그때는 누구와 왔던 거냐고.

누구와 ….
대답 없이 난 그냥 웃어 보였지만
내 마음엔 이미 답이 있었다.

어떤 소설에서 한 소녀가 말했다.

"변했으면 하는 것들은 안 변하고
변하지 않았으면 하는 것들은 변하고.
그 반대였으면 좋겠어요."

그러자 옆에 있던 할머니가 대답했다.

"그건 무리야."

시간이 흐르면 모든 것이 조금씩은 변하나 보다.
이 섬이 달라진 것처럼.
그 사람의 마음이 달라진 것처럼.

하지만 정작 변했으면 하는 나는
왜 이리도 변하지 않는 건지.
그 사람을 떠올릴 때면 여전히 마음 한구석이 시큰한 나.

변했으면 하는 것들은 변하지 않고
변하지 않았으면 하는 것들은 변해 가고.

소설 속 할머니가
마치 내게도 말을 건네 오는 것 같다.
그 반대를 기대하는 건, 무리라고.

흘리듯 놓쳐버린
많은 것들

스무 살 무렵 숙제처럼 읽었던 고전 작품을
얼마 전 다시 읽을 기회가 생겼는데
그 책을 읽는 내내 이런 생각이 들었다.

'이 책이 이렇게 좋았던가?'

물론 똑같은 책이라 하더라도
어느 나이에 읽느냐에 따라 감흥이 달라질 순 있겠지만
스무 살 때와는 달리 지금의 내게
그 책이 그토록 감동을 안겨 준 건 이런 이유도 있지 않을까 싶다.

그때의 나는 숙제처럼 그 책을 읽었다.
너무 유명한 작품이었으니까.
그 정도로 유명한 작품은
왠지 읽어 줘야만 할 것 같은 알 수 없는 의무감.
그리고 그 의무감이
그 책을 온전히 나만의 시선으로 바라볼 수 없게 했던 것이다.

언젠가 어떤 코미디언이
이런 관객은 참 불편하단 이야기를 했다.

웃기면 그냥 웃으면 되는데 팔짱 끼고 앉아서,
'어 그래, 한번 해 봐. 얼마나 웃기는지 한번 보자.'
이런 표정을 짓는 관객.

그래서 웃긴 장면에서도
'아니야, 아니야. 난 이 정도로 웃지 않을 거야.
어디 한번 더 해 보라고.'
이런 표정으로 애써 웃음을 참는 듯한 관객을 보면
아니 그럴 거면 왜 코미디를 보러 오셨나 의아하고 불편하단 이야기.

스무 살 무렵 그 책을 읽던 나도 그랬던 게 아닌가 싶다.
있는 그대로의 그 작품을 즐기면 되는 건데,
이 책이 그렇게 유명하다는데!
세계적인 스테디셀러라는데!
모두들 그렇게 극찬을 해댄다던데!
그래 도대체 얼마나 좋은지 어디 한번 보자.

웃기는 영화를 보면 그냥 웃으면 된다.
슬픈 드라마를 보면 그냥 슬퍼하면 된다.
좋은 책, 좋은 음악을 만나면 그냥 그대로 즐기면 된다.

이 영화는 감독이 누구라서 미장센이 어쩌고.
이 드라마에 출연하는 배우는 연기가 어쩌고.
이 책은 작가가 어떤 사람이고, 이 음악은 편곡이 어쩌고저쩌고.

물론 그런 정보들이
그것들을 좀 더 알차게 즐기는 데 도움이 된다면 좋은 거겠지만
즐기기도 전에 먼저 재고 따지고 분석하고.

그러느라 정작 '즐기는 것'은 제대로 못 하게 된다면?
그러느라 우리가 놓쳐버린 수많은 즐거움들은
도대체 어디 가서 보상받아야 하는 걸까?

그래서 나는
그 시절의 내가 안쓰럽다 느껴졌다.

웃기면 그냥 웃으면 되고
슬프면 그냥 슬퍼하면 되고
좋으면 그냥 좋은 대로 즐기면 되는 건데

그게 어려워서
나는 참 많은 것들을
제대로 느끼지도 못한 채
제대로 즐기지도 못한 채 흘리듯 놓쳐버린 거다.

그 많은 좋은 책, 좋은 영화, 좋은 음악.
그리고 좋은 사람들을.

좋으면 그냥 좋은 대로 즐기면 되는 건데

시간이 흐른다는 건
인정하게 되는 것

"너도 가끔 옛 사람 생각나곤 해?
난 언제쯤에야 그 사람에게서
완전히 자유로워질 수 있을까?"

사랑을 잃은 지 1년 정도 된 친구.
벌써 1년이란 시간이 지났는데도
아직도 가끔씩 그 사람이 생각나 전화하고 싶고 찾아가고 싶고.
그 마음을 참는 게 힘들다며 친구가 내게 물었다.
언제쯤에야 그 사람에게서
완전히 자유로워질 수 있는 거냐고.

아마도 내가 친구보다 조금 더 오래전에
사랑을 잃어 본 경험이 있기 때문이었을 거다.

'조금 더 시간이 지나면 괜찮아질 거야.
새로운 사람을 만나게 되면 괜찮아질 거야.'

이런 이야기들이 떠오르긴 했지만 내뱉진 못했다.

깊게 사랑했던 사람.
그런 사람과 헤어진 다음
그 사람에게서 완전히 자유로워지는 건
어쩌면 불가능한 이야기일지 모른다.

쉬이 잠이 오지 않던 지난밤에도 난 그 사람이 떠올랐다.

잠이 오지 않는다고 그 사람에게 전화를 걸면
그 사람은 가끔씩 책을 읽어 주곤 했다.

그 사람이 보고 있던 책을 읽어 주던 거라
중간부터 시작되는 이야기들을 난 다 이해할 수도 없었고
그 내용들이 크게 내 마음을 움직이는 내용들도 아니었지만
전화기 너머로 들려오는 일정한 리듬의 그 사람 목소리에
이상하게 마음이 편해졌던 기억.

그런 기억이 떠오르는 날엔
그 사람이 그립다는 생각은 들지만
전화를 하진 않는다.
아니, 전화를 하고 싶단 생각 자체가 들지 않는다.

시간이 흐른다는 건 그런 게 아닐까.
인정하게 되는 것.

내 것이 아닌 것을
내가 가질 수 없는 것을 인정하게 되고 받아들이게 되고
그렇게 그 사람을 떠올리는 횟수가 줄어들고
그래서 가끔씩 그 사람 생각이 나도
그저 좋은 옛 추억으로만 생각하며 웃게 되는 것.

아마도 시간이 흐른다는 건, 누군가를 잊어 간다는 건,
그런 게 아닐까 싶다.

그 사람으로부터
완전히 자유로워지는 것이 아니고.

나는
걱정하지 않는 법을 몰라요

나는 거짓말을 잘하는 자식이었다.

그 거짓말이라는 것이
악의 가득한 거짓말은 아니었지만,
자식 문제에 있어선 지나칠 만큼 걱정 많으신 우리 엄마.
그런 엄마의 유난스러운 걱정이 부담스러워
자꾸만 거짓말을 하게 됐다.

정작 당신은 아무리 많이 아파도 병원 가는 걸 꺼리시면서
내가 조금 기침이라도 했다간
무슨 큰 병이라도 난 것처럼 걱정하는 엄마이기에
아파도 안 아픈 척, 힘들어도 안 힘든 척.

가만있어도 땀이 줄줄 흐르는 뜨거운 여름에
팔을 크게 데인 적이 있다.
분명 이 상처를 보면
어디서 이렇게 됐냐, 병원에 가자,
약을 더 발라야 한다, 거즈를 자주 갈아 줘야 한다,
술 먹지 마라, 어디 보자 얼마나 나았나.
끝없이 이어질 엄마의 잔소리와 걱정이 부담스러워
나는 그 여름 내내, 상처가 내 팔에서 완전히 사라질 때까지
집에서 긴팔을 입고 지냈다.

다니던 직장을 그만두게 됐을 때도
분명 나보다 더 걱정하고 힘들어할 엄마일 게 뻔해

재취업을 할 때까지
매일 아침 출근하는 척 집을 나와 여기저기를 방황하기도 했다.

엄마의 지나친 걱정과 잔소리, 그리고 간섭.
다 나를 끔찍이도 사랑하기 때문이란 걸
머리로는 알고 있었지만
마음으론 온전히 받아들일 수 없어 늘 부담스럽기만 했다.

그 부담스럽단 생각 자체가 죄스럽다 느껴지기 시작한 것은
아마도 그 사람,
그 사람을 사랑하면서부터였던 것 같다.

어떤 드라마에 이런 대사가 나온다.
'나는 걱정하지 않는 법을 몰라요.'

나는 정말 '걱정하지 않는 법'을 모르는 사람이 되어 가고 있었다.

그 사람이 조금만 아파도 걱정.
그 사람의 표정이 조금만 어두워도 걱정.
그 사람과 행복한 시간을 보내고 있는 동안에도
이 행복이 언젠가 끝나버리면 어쩌나 걱정.
나를 향한 그 사람의 마음이
혹 어느 날 갑자기 식어버리면 어쩌나 걱정.

누군가를 떠올리면
자꾸 조바심이 나고 애가 타고 걱정이 된다는 것.
그것이 어떤 의미인지를
나는 그때 머리로도 마음으로도 정확히 이해할 수 있게 된 거다.
그 모든 것이
상대를 끔찍할 만큼 사랑하지 않는다면
불가능하다는 것을 말이다.

2006년 10월 13일
저녁 9시 47분

우거진 나무.
반짝인다는 표현만으론 한없이 부족한
여러 가지 색채로 빛나고 있는 나뭇잎들.
한적한 오솔길. 그리고 작은 벤치.

오랜만에 찾은 미술관에서
한 그림 앞에 한참을 멍하니 서 있었다.
참 행복했다.
화가의 눈으로 본 그 세상, 그 순간의 행복이
내게도 전해졌기 때문이었다.

사실 그 화가는 불행한 사람이었다.
예술을 위해 자신의 삶을 내던졌고
그 삶 안에서 한없이 외롭고 괴로웠으며
살아 있을 땐 그 어떤 부와 명예도 갖지 못했던 불행한 사람.
그래서 그의 그림에는
늘 어둠이 짙게 깔려 있었지만
나를 한참이나 멍하니 서 있게 한 그 그림은 달랐다.

아무리 힘들고 외로운 삶을 살았던 그라 해도
그 그림을 그리는 그 순간, 그곳에선
분명 아주 잠시라도 무척 행복했을 것이다.
그 그림이 그렇게 말해 주고 있었으니까.

그 그림을 만나고 집에 오는 길

문득 이런 생각이 들었다.

아무리 내가
내 스스로의 삶이 전반적으론 힘들고 고단하다 느껴도
나 또한 그런 순간이 분명 있었고
지금도 있고 앞으로도 있을 거란 생각.

언젠가 친구와 함께 여행을 갔을 때,
시원한 바람.
쏟아질 듯한 밤하늘의 별.
오랜만에 느끼는 자유와 여유로움.
그 기분 좋은 정적을 깨고 친구가 말했다.

"지금 몇 시지?
2006년 10월 13일 저녁 9시 47분. 이 순간을 기억하고 싶다.
아주 오랫동안."

우리에겐 그런 순간이 있는 것이다.
아주 오랫동안 기억하고 싶을 만큼 행복한 순간.
그리고 그 순간은
아주 사소한 일상에서도 찾아올 수 있는 것.

오늘처럼 좋은 그림을 만나는 순간.
이른 아침 나른한 몸을 커피 한 잔으로 다독이는 순간.
좋은 사람과 말없이 손을 잡고 걷는 순간.

불쑥불쑥 찾아오는 그런 순간들이 있기에
우리의 삶이 아무리 힘들고 외롭고 고단할지라도
우리는 결국 또 살아갈 수 있는 게 아닐까.

기억, 한 컷

쓰레빠

헐렁한 고무줄 반바지에 슬리퍼.
이상하게 그런 차림일 땐
주머니에 손을 넣은 채 짝발을 짚곤 껄렁껄렁.
꼭 그런 포즈가 된다.

그리고 그럴 땐
쓰레빠나 츄리닝이 잘못된 표현이란 걸 알면서도
슬리퍼 대신,
"나 오늘 쓰레빠 끌고 나왔잖아."
트레이닝복 대신,
"역시 편한 건 고무줄 츄리닝이 짱이야!"
꼭 이런 말투로 이야기하게 된다.

사실은 평범 그 자체로 살아왔으면서
영화 속 '좀 놀아 본 아이'처럼
껌도 질겅질겅 씹어 줘야 할 것 같고
괜히 미간에 주름을 잡으며
시건방도 좀 떨어 줘야 할 것 같고
꼭 그렇게 된다.

"너 오늘 왜 그러냐?"
분명 나를 잘 아는 사람들은
이런 반응 보일 거란 걸 뻔히 다 알면서도
내가 아닌 척.
아니 평소의 나와는 조금 다른 척.

왜 드라마 같은 걸 보면
모범생 스타일이었던 남자 주인공이
어떤 계기로 인해 방황하고 망가져 갈 때
여자 주인공이 꼭 이렇게 묻지 않나.
"너답지 않게 왜 그래?"
그럼 남자 주인공은 버럭 하며 꼭 이렇게 답한다.
"나답다는 게 뭔데? 나답다는 게 도대체 뭔데?"

반항기 가득한 눈빛 팍팍 쏴 주면서 나도 꼭 그렇게 말하고 싶어진다.
"나답다는 게 뭔데? 네가 나에 대해서 그렇게 잘 알아?
나답다는 게 도대체 뭔데?"

물론 소심한 대부분의 우리들은 그렇게 못 한다.
괜히 거울이나 보고 혼잣말로 드라마 속 주인공을 흉내 내는 정도?
그러곤 그러고 있는 내가 우스워서 혼자 낄낄낄낄.

근데 그러고 나면 기분은 좀 유쾌해진다.
맨날 똑같은 일상, 맨날 똑같은 하루.
그 안에서 평소와는 다른 나.
나답지 않은 내가 되어 보는 일.
뭔가 '일탈'이란 걸 해 본 듯한 유쾌함이랄까?

근데 가끔은
그렇게 혼자 낄낄거린 다음 마음이 조금 휑해지곤 한다.

'에휴, 이렇게라도 나를 달래야지.'

어딘가로 훌쩍 도망이라도 가고 싶을 만큼 답답한 하루하루.
하지만 대부분의 우리들은
어딘가로 훌쩍,
이게 또 웬만해선 불가능하니까.

자격지심

"나도 모르게 그만….
그럴 필요까진 없었는데, 안 그래도 됐는데…."

후배가 설 연휴보다 조금 늦게 고향집을 찾은 건
사람들의 이런저런 잔소리가 듣기 싫어서였다.

그 길이 아니면 안 될 것 같아서
지금이 아니면 평생 후회할 것 같아서
잘 다니던 직장을 그만두고 나온 지 벌써 3년.

회사만 그만두면
그렇게 내 시간만 충분히 주어지면
뭐든 해낼 수 있을 것 같던 처음의 마음도
이제는 조금씩 흔들리고 있었던 걸까.

"3년이면 해 볼 만큼 해 본 거 아니냐고.
이제 그냥 남들처럼 살면 안 되겠냐고 그러시는데
나도 모르게 그만…."

그렇게 어머님에게
화를 내고 서울로 올라와 버렸다는 후배.

"그럴 필요까진 없었는데. 안 그래도 됐는데…."

혼잣말처럼 내뱉는 후배의 말에는

짙은 한숨이 묻어 있는 것만 같았다.

아마도 그 한숨은
자기 자신을 향한 것이었을 거다.

"걱정 마세요. 조금만 더 절 믿어 주세요."
이렇게 말할 수 없었던 것.

"엄마는 또 잔소리! 엄마 아들 배고프다. 오늘 저녁 뭐 해 줄 거야?"
이렇게 웃어넘길 수 없었던 것.

그건 아마
난 분명 해낼 수 있을 거란 처음의 마음이
후배에게서도 희미해져 가고 있었기 때문이었을 테니까.

다른 사람들의 걱정 어린 시선.
다른 사람들의 듣기 싫은 한마디를
흘려들을 수 없는 건, 웃어넘길 수 없는 건,
결국 그런 거다.

자격지심.
나 자신도 나를,
온전히 믿지 못하고 있기 때문에.

바람이 불고 있는 거라면
참 좋겠다

닫혀 있는 유리창.
그 유리창 너머로 보이는 세상은 촉촉이 젖어 있었다.
간밤에 비가 내린 것 같긴 한데
이젠 그쳤나? 아니면 지금도 조금씩 내리고 있나?
그런 의문이 들 때면 나는 항상
시선을 내려 빗물이 고여 있는 웅덩이를 찾는다.

그 웅덩이가 잔잔하면 이제 비는 그친 것.
그 웅덩이에 작은 파문들이 동그랗게 퍼져 나가고 있으면
그건 아직 비가 내리고 있다는 뜻.

내가 아주 어렸을 때였다.
엄마와 거실에서 장난감 놀이를 하고 있었던 것 같은데
엄마가 닫힌 창문 밖을 바라보며 이렇게 말했다.
"바람이 많이 부나 보다."

신기했다.
굳게 닫혀 있는 창문 너머의 바람을 읽을 수 있는 엄마가.
그때 엄마는 웃으며 이렇게 말했다.

"옛 시 구절 중에 이런 게 있거든.
창문 밖으로 나뭇가지가 흔들리고 있으면
그건 바람이 분다는 뜻.
창문 밖 물웅덩이가 일렁이고 있다면
그건 비가 내린다는 뜻."

어린 나이에도 나는
그 말이 참 멋지다 생각됐던 모양이다.
어른이 된 지금까지도
그때 그 순간이 생생하게 떠오르는 걸 보면.

그래서 나는 아직도
비가 오는 건지 멈춘 건지
사람을 자꾸만 헷갈리게 하는 부슬비 앞에선
시선을 내려 물웅덩이를 찾곤 한다.

창문 밖으로 나뭇가지가 흔들리고 있으면
그건 바람이 분다는 뜻.
창문 밖으로 물웅덩이가 일렁이고 있다면
그건 비가 내린다는 뜻.

나는 가끔
사람의 마음도 그렇게 짐작할 수 있는 방법이 있다면
참 좋겠단 생각을 한다.

그 사람의 친절한 미소.
따뜻한 말 한마디.
그 사람의 사소한 몸짓 하나하나에도
내 마음엔 이렇게 바람이 불고 있는데
내 마음은 이렇게나 일렁이고 있는데
그 사람의 마음은 어떨까.

부슬부슬 비가 내리고 있는 거라면 참 좋겠다.
그 사람의 마음에도
살랑살랑, 바람이 불고 있는 거라면 참 좋겠다.

기억, 한 컷

누군가에게 맘껏 어리광을 부리고 싶어질 때
―

나이를 먹어 가면서 우리는
우리가 더 이상 막내로만 있을 수는 없다는 걸 깨닫게 된다.

하지만 그걸 다 알면서도
이젠 울고 떼쓰고
그런 게 통하지 않는 나이가 됐다는 걸 다 알면서도
그러고 싶어질 때가 있다.
누군가에게 맘껏 어리광을 부리고 싶어질 때.

나이를 아무리 많이 먹어도
늘 어른인 척 꼿꼿하게 서 있기엔 우리의 삶이
그렇게 만만치만은 않으니까.

―

악역

"왜 나한테 그런 얘길 하는 건데?"

조금 불쾌하단 표정으로 그가 물었다.
그러자 상대는 이렇게 답했다.

"사실이니까."

어떤 드라마 속 한 장면.
살다 보면 그런 순간이 꼭 찾아온다.
악역을 해야 하는 순간.

상대가 듣기 싫어할 말.
십중팔구 불쾌해할 이야기.
하지만 꾹 참을 수만은 없는 이야기.

계속 미루기만 했다간
상대가 더 곤란해질 것이, 더 상처받게 될 것이 뻔한 상황.
그런 상황에서 우리는 도대체 어떻게 해야 하는 걸까?

교과서 같은 답은 '해야 한다'일 거다.
진정한 친구라면, 진짜 상대를 위한다면 '해야 한다'가 정답일 거다.

그리고 교과서 같은 입장에서 그 뒤 상황은
직언을 해 준 상대가 정말 나를 위하는 사람이니 고마워한다.
더 끈끈한 우정으로 발전한다.

뭐 이렇게 돼야겠지만 현실에선 그게 참 어렵다.

날 위해 해 준 이야기란 걸 뻔히 알면서도
듣기 싫은 말은 역시 불편할 수밖에 없는 법.

그 말이 다 맞다는 것을 알면서도
그 후 더 끈끈한 우정으로 발전하기는커녕 멀어지기 십상.

아주 가까운 지인에게 직언을 했다 낭패를 봤단 한 친구가
언젠가 이런 말을 한 적이 있다.
"나 상처받았어, 이 말에 내가 더 상처받았잖아."

듣기 싫은 말.
그런 말은 듣는 것도 참 불편하지만
하는 것 역시 만만찮게 불편하다는 생각.
참 쉽지 않다.

내가 힘들 땐, 내가 불편할 땐, 내가 상처받았단 생각이 들 땐,
더더욱 다른 사람 생각은 하기 힘드니까.

'네가 뭘 안다고.'
처음엔 그 말을 비웃게 되고
후에 그 말이 다 맞았다는 걸 인정할 수밖에 없는 순간에도
'꼭 그렇게 말했어야만 했니? 그래 너 잘났다.'

이렇게 되기 쉬운 게 사람 마음이니까.

자기 검열

친구에게 오랜만에 메일을 쓰다 순간 움찔했다.
방송에 부적합한 단어를 적다 무의식적으로 백스페이스를 눌러
그 단어를 지우고 있는 내 자신을 발견했기 때문이었다.

방송 일을 오래 하긴 했지만
이건 방송도 아닌데
친구에게 사적으로 메일을 보내는 건데
나 스스로 자기 검열을 하고 있었던 거다.

이런 직업병은 친구들과 수다를 떨다가도 등장하는데
방송 부적합 단어가 입 밖으로 튀어나올 때 나도 모르게 움찔.
혹은 친구의 입에서 흘러나오는 방송 부적합 단어를
지적하고 싶어지는 거다.

물론 방송 부적합 단어는
대부분 비속어나 은어, 욕설 같은 것들이니까
일상생활에서도 바르고 고운 말만 사용하는 게 뭐 나쁠 건 없지만
그래도 그럴 때마다 기분이 묘해진다.

초등학교 2학년 때였나.
장래희망으로 '슈퍼맨'을 적었다가 엄마에게 혼났던 기억.
그리고 그다음
나름 좀 더 현실적인 장래희망이라 생각해서 적은
'슈퍼 주인'도 엄마에게 퇴짜 맞았던 기억.

오락실 주인도 퇴짜.
놀이공원 사장님도 퇴짜.
만화가도 안 된다. 소설가도 밥 굶는다.
그렇게 내 꿈은 조금씩 현실적으로 변해 갔다.

그리고 언젠가부터는
굳이 누가 뭐라 하지 않아도 내 스스로
이건 안 돼, 저건 안 돼.
끊임없는 자기 검열, 자체 심의로
내 자신을 조금씩 조금씩 작은 상자 안으로 옮겨 담고 있었다.

이제 와 두 팔을 쭉 뻗어 크게 기지개를 켜 보려 해도
이미 작아질 대로 작아진 상자 안에선 그게 쉽지 않았다.
조금만 움직여도 이쪽 벽에 쿵. 저쪽 벽에 쿵.

물론 현실적인 어른이 되어 간다는 것이
일상에서 방송 부적합 단어를 사용하지 않는 것이
꼭 나쁜 것만은 아니다.

근데 나는 아직 철이 덜 든 걸까?
자기 검열을 하고 있는 내 자신이 그다지 마음에 들지 않았다.
그래서 친구에게 보내는 메일에
그냥 방송 부적합 단어들을 적어 넣었다.

나는 아직 그런 꿈을 완전히 포기하진 못했나 보다.
누가 봐도 '그게 뭐야.' 싶은
엉뚱한 꿈, 현실적이지 못한 그런 꿈을.

그리고 그런 나는 아직도,
어른이 되려면 멀었나 보다.

포장마차

새까만 하늘, 새까만 아스팔트.
모든 불이 꺼져 흉물스러울 만큼 새까만 빌딩의 형체들.
어둠이 내린 도시 풍경.

하지만 이 길이
그리 우울하게만 느껴지지 않는 이유,
바로 저 주황색 불빛 때문이다.

"어, 저 포장마차 아직도 있네?"

천막 안에서 새어 나오는 주황색 불빛.
우동, 오돌뼈, 잔치국수, 닭똥집.
천막 밖으로 삐뚤빼뚤 적혀 있는 메뉴들.

"이것 봐, 우리가 그때 락카 가져와서 고친 그대로야!"

그런 곳에 적힌 글씨는
맞춤법 한두 개쯤 틀려 줘야 더 정겨운 법.
그런데도 나름 국문과라는 말도 안 되는 자부심 때문이었는지
아니면 그저 스무 살 혈기 왕성한 치기 때문이었는지
축제 마지막 날이었나?
우리는 쓰다 남은 스프레이 페인트를 들고 와
'닭똥집'의 쌍기역 받침을
기어이 '리을 기역'으로 덧뿌려 고치고 말았던 기억.

오랜만에 만난 대학 동기들.
한때는 매일 밤을 부어라 마셔라 함께했던 녀석들인데
거의 1년 만에 서로 얼굴을 마주한 것 같다.
그것도 한 친구의 결혼식 덕에 겨우.

오랜만의 만남이 다들 아쉬웠는지
1차, 2차를 거쳐 우리는 학교 앞까지 와버렸다.
그런데 그 포장마차가 아직도 그 자리에 있었다.
우리가 고친 '리을 기역' 받침을 가진 '닭똥집' 글씨 또한 그대로.
그래서 우리는 그곳을 지나칠 수 없었다.

여전히 코팅된 종이 위로 꼬질꼬질 때가 탄 메뉴판.
여전히 우동 국물에선 덜 끓인 듯한 수돗물의 비릿함.
하지만 그래서 더 정겨웠다.
변하지 않고 그 자리에 있어 준 그 포장마차가 고맙기도 하고.

친구들의 늙어버린 모습과 마주할 때
새삼 내 나이 또한 느껴지는 법.
어느새 양복 차림의 아저씨가 돼버린 친구들이 어색하기도 했지만,
"어째 오랜만에 만나도 다들 어제 만난 것 같냐?
하는 얘기도 맨날 똑같고!"
한 친구의 말에 우리는 동시에 웃음을 터뜨렸다.

10년 묵은 추억 되씹기.
언제나 만나면 반복되는 레퍼토리.
하지만 몇 번을 되풀이해도
언제나 우리는 같은 포인트에서 웃음을 터뜨린다.

그래서 좋은가 보다.
삭막한 도시, 삭막한 마음.
빠르게 흘러가는 시간, 팍팍하게 돌아가는 일상.

잠시나마 그것들을 잊게 해 주는 존재.

허름한 포장마차.
늙어버린 친구들.
변함없이 그 자리를 지켜 주는 무언가가 있다는 것은
그래서 참 좋은가 보다.

나는 아직,

어른이 되려면 멀었나 보다

고해

중학교 땐가 성적표를 숨긴 적이 있다.
부모님께 혼날까 봐
책상 서랍 깊숙한 곳에 성적표를 숨겨 두곤
한동안 꽤나 마음 졸였던 기억.

성적표는 언제 나오느냐는 질문을 받을 때마다
주춤주춤 거짓말을 늘어놔야 했고
무슨 물건이라도 찾으러 내 방에 들어가시는 부모님을 보면
땀이 삐질 나서 나도 모르게 쫓아 들어가
"아, 내 방에 없어. 나 공부해야 돼. 얼른 나가."
도리어 내가 짜증을 내며
서둘러 부모님을 방문 밖으로 밀어냈던 기억.

그러던 어느 날 집에 돌아와 보니
거실 탁자 위에 성적표가 놓여 있었다.
정말 많이 혼났던 기억이 난다.
성적이 떨어졌단 이유보다는 성적표를 숨겼단 이유로.

근데 그렇게 혼이 나면서도
나는 오히려 홀가분한 기분이었다.
더 이상 거짓말을 하지 않아도 된다는 것이
더 이상 언제 들통날까 마음 졸이지 않아도 된다는 것이
오히려 날 홀가분하게 만들었던 기억.

어떤 책에 이런 말이 나온다.

'마음속에 비밀이란 것이 생기면
세상의 명도가 한 단계 낮아진다.'

그만큼 마음을 무겁게 하는 일도 없다는 뜻일 거다.

근데 고백, 혹은 고해가 참 쉬운 사람들이 있다.
"너한테 말 안 하려고 했는데, 그러기엔 내 마음이 너무 무거워서."
이렇게 시작되는 고백은
필시 내가 듣고 싶지 않을 이야기일 확률이 높다.
혹은 굳이 내가 알 필요는 없는 이야기.
아니 내가 몰랐다면 더 좋았을 이야기일 확률이 높다.

"미안해. 근데 나도 어쩔 수 없었어."
그렇게 쉽게 자신의 미안함을 인정할 거였다면
처음부터 미안할 일은 만들지 않았으면 됐을 텐데
고해가 쉬운 사람들은 실수도 쉽다.
또 '나도 어쩔 수 없었다'는 그 말엔 꼭 이런 의미가 담겨 있는 것만 같다.
'그러니 용서해. 용서 안 하면 네가 어떡할 건데?'

"나, 다른 사람이 생겼어."
그 사람 입에서 흘러나온 고백, 그 고해가 나는 참 싫었다.

고백, 혹은 고해란 것이 때로는
내 마음의 짐을
다른 누군가에게 떠넘겨버리는 것을 뜻하기도 하는 걸까.

마음을 무겁게 짓누르고 있던 비밀 하나를 툭 뱉어내 버리곤
이제는 홀가분해졌을 그 사람.
그래서 더 싫었다.
그 사람의 고백, 그 고해가.

좋아,
근데 좀 힘들어

"그 영화 어때? 재밌어?"
이 질문에 나는 한참을 생각해야 했다.

"글쎄, 재미라….."
그 '재미'라는 것이 정확하게 무엇을 의미하는지
가늠하기가 힘들었기 때문이었다.
결국 나는 한참의 고민 끝에 이렇게 답했다.

"그냥 좀 힘들어."
내가 생각해도 좀 생뚱맞은 답이긴 했다.
하지만 나에게 그 영화는 정말 그랬다. 힘들었다.
물론 예상은 했다.
늘 관객을 불편하게 만들어야 직성이 풀리는 감독.
영화를 보는 내내 움찔움찔 잔뜩 긴장이 됐던 건 물론이고
다 보고 나와서도 한동안 불편하고 무거운 마음을 떨쳐내기 힘들었다.

"그럴 줄 알고 있었다면 안 보면 되잖아."
누군가는 이렇게 물어 올지도 모르지만
나는 이번에도 개봉과 동시에
그 감독의 영화를 보기 위해 극장으로 달려갔다.

어린 시절
이불 뒤집어쓰고 무서워 무서워, 하면서도
납량 특집 드라마를 끝까지 볼 때의 느낌이랄까.

같은 판에서 번번이 게임 오버.
'됐어, 나 이제 진짜 안 해!'
휙 등을 돌렸다가도 슬금슬금 다시 게임 앞에 앉는 느낌?
'내가 진짜 미쳤지. 저런 사람이 어디가 좋다고!'
짝사랑에 지쳐 힘들다 힘들다, 하면서도
그 사람을 포기할 수 없었던 것과 같은 느낌?

힘든데 포기할 수는 없는 매력.
그게 그 감독의, 그 영화의 매력이었다.
그러니 '재밌어?'라는 질문에 내가 할 수 있는 대답이라곤,
"그냥 좀 힘들어."

"무슨 소리야! 그래서 보라는 거야, 말라는 거야?
재밌냐고, 재미없냐고?"
다시 한 번 버럭 물어 오는 친구.

좀 달리 물어 왔다면 좋았을 텐데.
'그 영화 재밌어?'가 아닌 '그 영화 좋아?'였다면
나는 좀 더 쉽게 대답할 수 있었을 것 같다.

"응, 좋아. 근데 좀 힘들어."

힘들어 죽겠는데
그 상황을 재미있다고 말할 수 있는 사람이 몇이나 될까.
하지만 그 힘들어 죽겠는 상황에서도
'좋아'라고 말할 수는 있는 거다.

그렇게 힘듦에도
반드시 내 손에 넣고 싶은, 갖고 싶은, 이루고 싶은,
적어도 나에게만은 치명적인 매력을 가진 그 무언가가
세상엔 분명 존재하니까.

퍽도
유감이다

"미안하다고 해."

여자가 바라는 건 그것 하나뿐이었다.
진심 어린 사과, '미안해'란 말 한마디.

하지만 남자에겐 그게 그렇게 어려웠던 걸까.
좀처럼 미안하단 말을 하지 않는 남자.

"미안해, 미안해, 미안하다고 말하라고!"
그런 남자를 몰아붙이는 여자.
결국 짜증이 난 남자가 결정적인 순간 내뱉은 사과의 말은,
"그래, 퍽도 유감이다!"
결국 두 사람은 파국으로 치닫는다.

어떤 영화 속 이야기.

영화를 보는 내내 참 답답했다.
'꼭 말을 해야 아나?'
굳이 미안하다는 말을 꼭 들어야만 하겠다는 여자도 답답했고
'그렇게 원하는데 좀 해 주지.'
굳이 미안하단 말을 끝내 꺼내지 않는 남자도 답답했다.

하지만 미안하단 말을 잘하는 사람, 너무 잘하는 사람.
그런 사람도 짜증스럽긴 마찬가지.

"미안해, 미안해. 그래, 그래. 무조건 내가 잘못했어.
 알았어. 미안하다고. 정말 미안하다니까?"

이건 진짜 미안하단 건지
그냥 이런저런 잔소리 듣기 싫으니까 일단 미안하다고 하는 건지
자기가 뭘 잘못했는지 알긴 아는 건지.

또 이런 사람도 있다.

"미안해. 근데 있잖아…."
"미안해, 미안하다고. 근데 나도 사실은…."
"미안해, 정말 미안하다니까. 근데 너도 이건 좀…."

그냥 미안하다 말하고 끝내지,
꼭 뒤에 자기변명과 시시비비를 붙이는 사람.

이건 사과를 하는 건지
지금 나랑 싸우자는 건지 머리가 지끈지끈.
미안하단 말을 듣고도 영 뒷맛이 깔끔하지 못하다.

그렇다면 도대체
깔끔한 사과, 진심 어린 사과.
그런 사과는 어떻게 해야 맞는 걸까?

그때 떠오른 어떤 만화 속 한 장면.

"아무리 사과를 한다 해도, 이미 나간 말은….
이젠 너무 늦은 것 같아요."

고민하는 소녀에게 누군가 말하길,

"그건 모르는 거야.
어떤 실수도 상대방이 받아들일 마음이 있으면 받아들여지게 돼 있어.
안 받아들여질 건 어떻게 해도 안 받아들여지는 것처럼."

미안하단 말을 들으면서도 영 찝찝했던 순간들.
나의 그랬던 순간들을 되짚어 보고 싶어졌다.

제대로 된 사과, 깔끔한 사과, 진심 어린 사과에는
미안하다 말하는 사람만큼이나
그 말을 듣는 사람,
그 말을 받아들여야 할 사람의 몫도 컸던 게 아닐까 싶어서.

17년 전
남자친구

혼자만의 여행을 만끽하고 있던 여인은
높은 언덕에서 파리 시내를 내려다보며 생각한다.
참 아름답다고.

그리고 잠시 후
'참 좋다, 그지?'
내가 이렇게 말했을 때
'그러게, 정말 좋다.'
이렇게 대꾸해 줄 누군가가 있다면 더 좋겠다는 생각을 하며
옛 남자친구를 잠시 떠올리는데
이내 고개를 절레절레. 스스로가 어리석다 생각한다.
그도 그럴 것이
그와 마지막 데이트를 한 것이 벌써 17년 전이기 때문에.

어떤 영화 속 한 장면.

나는 이 장면에서 풋 웃음을 터뜨렸다.
아마도 '17년 전'이란 대사에 담긴 감독의 의도 또한
첫째는 관객의 웃음이었을 거라 짐작된다.

근데 벌써 꽤 오래전에 본 영화인데도
지금까지 그 장면이 문득문득 떠오르는 걸 보면
감독의 의도가 단지 '관객의 웃음'만은 아니었을 거란 생각도 든다.

나는 아직 17년 전까지 거슬러 올라가진 않지만

그래도 제법 오래된 그 사람을 가끔 떠올릴 때가 있다.
그것도 이상하게 행복한 닭살 커플을 볼 때가 아닌
사랑에 힘들어하는 누군가를 볼 때.

재미있는 영화를 보고 나왔는데도 별로 즐거워 보이지 않는 친구.
술자리에서 연신 휴대폰을 만지작거리는 친구.
그러다 순간순간 멍해지는 친구.
꽤 늦은 밤 뜬금없이 "뭐하냐?" 별 용건 없이 전화를 걸어오는 친구.

아마도 친구는 불을 끄고 자리에 누워도
좀처럼 잠이 오지 않는 날이 많을 거다.
뒤척뒤척, 헤어진 그 사람 생각에.

그런 친구가 조금 부러웠다면 이상한 걸까?

나 또한 그런 날이 있다.
불을 끄고 자리에 누웠는데도 좀처럼 잠이 오지 않는 날.
멀뚱멀뚱 천장과 눈씨름을 하게 되는 날.

그런 날
그리워할 수 있는 누군가가 있다면 참 좋을 텐데.
그래서 나는
꽤 오래전 그 사람을 떠올렸던 모양이다.

물론 실연 직후의 아픔과 그리움은
지긋지긋할 정도로 힘들고 괴롭다.

근데 참 이상한 것이
가끔은 그 '그리움'이 그리워질 때가 있다는 거다.
딱딱해져버린 내 마음 저 깊은 곳까지 파고 또 파서
꽤 오래전 그 사람을 생각해낼 정도로.

그래서 영화 속 그녀 또한
17년 전까지 거슬러 올라가 그를 찾아낸 게 아닐까.

그리워하고 싶을 때
그리워할 대상이 있다는 것도
뭐, 나쁘지 않은 일이니까.

꿈꿀 수 있는
자유

월요일 아침 출근길에 꼭 복권을 산다는 친구가 있다.

"꼭 복권 당첨을 꿈꾼다기보다
그냥 '당첨되면 뭐할까?' 그 상상만으로 일주일이 즐거워."

오랜 짝사랑.
하지만 절대 고백은 하지 않는 친구도 있다.

"누가 봐도 그 사람이랑 나는 어울리지 않는다는 거 아는데
그래서 그 사람이랑 잘해 봐야지 싶은 생각도 없는데
그래도 즐거워, 그 사람과의 무언가를 상상할 때면."

어떤 영화엔
이상한 스파이 단체에 가입하는 여자가 나온다.
하지만 그녀가 하는 스파이 짓이라곤
다른 사람들에게 스파이인 것을 들키지 않기 위해
평범한 척하는 것.
그러니까 실제 그녀의 일상엔 아무런 변화가 없는데도
늘 그렇듯 평범하다 못해 지루하기 짝이 없는 일상이 반복되고 있는데도
이상하게 그녀는 그 단체에 가입한 후 즐겁다.

'난 스파이잖아. 그러니까 남들한테 들키면 안 돼.'
이런 상상만으로 뭘 하든 두근두근 즐거운 거다.

복권 당첨부터

절대 불가능해 보이는 사랑에 대한 로망,
그리고 '내가 스파이'라는 말도 안 되는 엉뚱한 상상까지.

'정말 말도 안 돼.' 하면서도
그 상상들이 우리의 일상을 조금 더 즐겁게 해 주는 건 사실이다.
그런데 굳이
'말도 안 돼, 그런 일은 절대 일어나지 않아. 그래, 그래. 꿈도 꾸지 말자.'
이럴 필요까진 없는 거 아닐까?

어떤 소설에 이런 말이 나온다.

'현실로 이뤄지기를 기대할 수 없는 상상이란 게
도대체 어떤 건지 궁금하군요.'

남들 보기엔 정말 말도 안 되는 상상.
남들 보기엔 "야, 꿈 깨." 이런 말이 절로 나오는 상상.
하지만 남들 시선 따윈 사실 상관없는 거다.

그래도 혹시 모르잖아?

만에 하나의 가능성을 믿고
무언가를 상상하는 동안에라도
무언가를 꿈꾸는 동안에라도
내가 행복하면 되는 거 아닐까?

그 무엇이든 꿈도 꾸지 못할 이유는 없는 거니까.
우리에겐 분명히
'무엇이든 꿈꿀 수 있는 자유'는 있는 거니까.

따뜻한
아메리카노

매일 가는 작은 테이크아웃 커피 전문점이 있다.
내가 주문하는 것은 항상 따뜻한 아메리카노 한 잔.

두 달쯤 지났을 때
그곳의 아르바이트생이 날 알아보기 시작했다.
유동 인구가 꽤 많은 곳이라 하루 손님이 만만치 않게 많을 텐데
어느 날 내가 주문도 하기 전에
계산 기계에 아메리카노 가격이 찍혀 있는 걸 보고
그가 나를 알아본다는 것을 알았다.

사실 난
단골손님에게 친한 척
괜히 이런저런 말을 건네 오는
지나치게 싹싹한 점원은 좀 부담스러워하는 편인데
그가 나를 알아보는 것은 싫지 않았다.
그는 과묵했으니까.

우리 사이엔 대화가 없었다.

"따뜻한 아메리카노 한 잔이요."
"2천5백 원입니다."

그리고 그는 커피를 만든다.

"따뜻한 아메리카노 한 잔 나왔습니다. 맛있게 드세요."

"감사합니다."

이것이
지난 6개월간 우리가 나눈 대화의 전부다.

한번은 다른 사람이 카운터에 서 있었는데
내가 주문도 하기 전에
그가 뒤에서 따뜻한 아메리카노를 만들고 있었다.

또 가끔은 내가 아직 가게에 들어서지도 않았는데
멀리서 내가 걸어오는 걸 보고
이미 아메리카노를 만들고 있는 그를 발견하기도 한다.

그러던 어느 날 갑자기 궁금해졌다.
내가 갑자기 다른 음료를 주문하면 그는 어떤 표정을 지을까?
갈증이 나서 그냥 오늘은 차가운 커피를 마실까 싶었던 어떤 날.

하지만 나는 결국 이렇게 말했다.

"따뜻한 아메리카노 한 잔이요."

왠지 그 말이
그와 나의 암묵적인 '약속'처럼 느껴졌기 때문이었다.

나의 진짜 모습이 무엇이든 간에 그러고 싶을 때가 있으니까.

상대가 알고 있는 나로 말하기.
상대가 짐작하는 나로 행동하기.

귀향길,
귀경길

꽤 오랫동안 유학 생활을 했던 친구.
친구는 타국에 있는 내내
열쇠로 자신의 방문을 열 때마다 낯선 기분이 들었다고 한다.
이곳은 내 집이 아니라는 생각.
한국에 있는 진짜 내 집이 그립다는 생각에.

그런데 한국에 돌아온 다음
어느 날 집 현관문에 열쇠를 꽂는데
유학 시절 내내 느꼈던 그 '낯선 기분'이 자신을 찾아왔다고 한다.
유학 시절 그곳의 내 방이 떠오르며
그곳의 내 생활이 떠오르며 그곳이 그립다는 생각에.

"나는 그런 인간인가 봐.
그곳에 있을 땐 한국이 그립고, 한국에 있을 땐 그곳이 그립고.
늘 그리움에 허덕이는 그런 인간인가 봐."

언젠가 술자리에서 친구가 했던 말.

그 말이 다시 생각난 건
추석 연휴 마지막 날 TV 뉴스를 보고 있을 때였다.
꽉 막혀 있는 고속도로 정체 상황.
명절 때면 뉴스에서 빠짐없이 나오는 장면이었다.

처음 하루 이틀은 그 뉴스에 이런 자막이 붙는다.
'꽉 막힌 귀향길'

하지만 그다음 며칠은 이런 자막이 붙는다.
'꽉 막힌 귀경길'

귀향, 그리고 귀경.
나는 그 말을 들을 때마다 이런 의문이 들곤 했다.
왜 두 말 모두에 '돌아갈 귀(歸)'가 들어가는 걸까?

'돌아가다'는
말 그대로 그냥 '가다'가 아닌
원래 있던 자리로 '되돌아감'을 의미한다.

그런데 고향을 갈 때도 서울을 갈 때도
그냥 '가다'가 아닌 '돌아가다'는 표현을 쓴다는 게 나는 늘 궁금했다.
그렇다면 우리의 원래 자리는 도대체 어디인 걸까?

서울, 혹은 내가 나고 자란 고향이 아닌 다른 지역에 사는 사람들은
그곳을 '제2의 고향'이라 부르곤 한다.
그러곤 항상 진짜 자신의 고향을 그리워한다.

하지만 오랜만에 진짜 내 고향을 찾았을 땐
또다시 지금 자신의 일상이 펼쳐지고 있는 서울이 그리워진다.
그래서 귀향에도 귀경에도 '돌아갈 귀(歸)'가 붙는 걸까?

그런 생각을 하다 보면
이내 좀 쓸쓸해져버리고 만다.

이곳에 있으면 그곳이 그립고
그곳에 있으면 이곳이 그리운 우리.

어쩌면 이제는 그 어디에도, 본래의 내 자리.
진짜 내 집, 내 고향 같은 건 없는 게 아닐까 싶어서.

기억, 한 컷

모르는 척

살다 보면 그런 순간이 있다.
들었으면서도 못 들은 척.
봤으면서도 못 본 척.
그러니까 다 알면서도 모르는 척하게 되는 순간.

첫째, 그냥 상대방을 놀려 주고 싶어서다.

"오늘 무슨 날인지 진짜 몰라?"
입을 삐쭉거리며 섭섭해하는 그녀를,
"글쎄 무슨 날이더라?"
그냥 놀려 주고 싶어서 장난치고 싶어서
오늘이 어떤 특별한 날인가를 다 알고 있으면서도 모르는 척.

둘째, 그 사실을 절대 인정하고 싶지 않을 때.

친구의 바지 주머니에서 담배와 라이터가 나왔을 때
친구의 부모님은 이렇게 말씀하셨단다.
"이거 네 친구 거지? 네 거 아니지?"
늘 아들의 옷에서 희미한 담배 냄새가 난다는 걸 모르실 수가 없는데도
'친구들이 펴대니까. 애 옷에도 냄새가 뱄나 보네.'
우리 아들이 담배를 피운다는 사실을
절대로 인정하고 싶지 않아 그렇게 모르는 척.

셋째, 내 잘못을 합리화하기 위해서, 변명하기 위해서.

할 일을 다 끝마치지 못했을 때
"아, 그걸 오늘까지 했어야 하나요? 진짜 몰랐는데…."
교통법규를 어기다 경찰에게 잡혔을 때
"아, 정말요? 여기 좌회전 금지예요? 표지판 정말 못 봤는데…."
스스로를 합리화, 혹은 변명하기 위해서 모르는 척.

그리고 그 마지막.
우리가 다 알면서도 모르는 척하는 이유는 이거 아닐까.
정말 어쩔 수가 없어서.
정말 그럴 수밖에 없어서.

정말 나에겐 다른 방법이 없었다.

그 사람의 마음이
서서히 식어 가고 있다는 걸 알고 있었지만
이제 곧 그 사람이
나를 떠날 수도 있다는 걸 알고 있었지만
이제 그 사람의 눈은
내가 아닌 다른 누군가를 좇고 있다는 걸 다 알고 있었지만
모르는 척.
정말 모르는 척.
그럴 수밖에 없었다.

그때의 나는 정말
그 '모르는 척'하는 방법 외에는
아무것도 떠오르지 않았으니까.
아무것도 할 수 없었으니까.

아빠 싫어,
아빠 미워

딩동.
경쾌한 소리와 함께 엘리베이터 문이 열렸을 때
나와 눈이 마주친 아저씨는 서둘러 내 시선을 피했다.

그리고 그 순간 들려오는 아이의 울음소리.
"아빠 싫어, 아빠 미워."

시선을 조금 낮추니 아이가 보인다.
뭐가 그렇게 서러운 건지
뭐가 그렇게 마음에 안 들었는지
눈물 콧물 줄줄 흘려 가며 울고 있는 아이.

이미 한참을 운 얼굴이다.
젊은 아빠의 얼굴 또한 이미 지친 표정.
달랠 만큼 달래 봤으나 울음을 그치지 않는 아이.
아마도 그래서였을 거다.
엘리베이터에 등장한 낯선 이, 즉 내가
젊은 아빠는 달갑지 않았을 거다.

나에게 머쓱해서인지
아니면 아무리 달래도 울음을 멈추지 않는 아이에게
아빠도 화가 나버린 건지
젊은 아빠는 다른 곳을 바라보고 있다.
그런 아빠가 야속해서 더 큰 소리로 울어대는 아이.
"아빠 싫어, 아빠 미워."

그런데 참 신기한 것이
그렇게 아빠가 밉다고 아빠가 싫다고 울면서도
아이는 아빠의 손을 꼭 잡고 있었다.

1층에 도착한 엘리베이터 문이 열리자 서둘러 내리는 아빠.
보폭이 큰 아빠를 놓칠까 봐
종종걸음으로 달리듯 걸으며 우는 아이.
"아빠 싫어, 아빠 미워."
그러면서도 아빠의 손을 꼭 잡곤 놓지 않는 아이.

아이러니한 그 상황이 귀엽기도 하고 좀 우습기도 해서
나도 몰래 피식, 웃었던 것 같은데….
참 이상하다.
하루 종일 그 아이의 모습이 내 머릿속을 떠나지 않는다.

'아빠 싫어, 아빠 미워.' 하면서도
조금만 힘을 풀면 놓칠까 봐
아빠의 손을
힘주어 꽉 잡고 있던 그 아이의 작은 손이
하루 종일 내 머릿속을 떠나지 않는다.

어쩌면 그 아이가
나와도 조금은 닮아 있기 때문이었을지도 모른다.

그 사람이 미웠다.
아니 아직도 참 밉다.

그래서 아직도 그 사람을 생각하면
그때의 이별을 떠올리면
화가 나기도 하고,

누군가 내게 그 사람에 대한 이야기를 물어오면
만약 그가 돌아와도 절대 받아 주지 않겠다고
나는 이제 그 사람이 너무너무 싫다고 말하는 나.

그런데 참 이상하다.
아빠가 싫다고 울면서도
아빠의 손을 놓지 못하던 꼬마 아이.
그 아이의 모습이 하루 종일 내 머릿속을 어지럽힌다.

꼭 내 모습 같아서.

그 사람이 싫다고
그 사람이 밉다고 외치고 있는 내 모습 같아서.

그렇게 외치고 있으면서도
아직도 그 사람을 놓지 못하고 있는,
내 모습인 것만 같아서.

조금만 힘을 풀면 놓칠까 봐

그런 날이
있다

그런 날이 있다.

그 누구도 만나고 싶지 않은 날.
아무 말도 하고 싶지 않은 날.
아무 생각도 하고 싶지 않은 날.
말 그대로 정말
아무것도 하고 싶지 않은 그런 날.

작은 지도에는 나오지도 않는 인적 드문 시골 마을.
그곳으로 휴가를 온 한 여자.
어떤 영화 속 이야기인데
시골 마을 사람들은 무척 궁금해한다.
그녀가 왜 하필 이곳으로 휴가를 온 건지.
그때 그녀는 이렇게 말한다.

"그냥 휴대폰이 터지지 않는 곳을 찾고 있었을 뿐이에요."

누구에게나 그런 시기가 있을 거다.

그 누구도 만나고 싶지 않고
걸려 오는 전화도 받고 싶지 않고
정말 아무것도 하고 싶지 않은 그런 시기.

하지만 그건 참 쉽지 않은 이야기.

예능 프로를 맡고 있는 어떤 작가는
일을 하면서 제일 서글펐을 때가
오래 만난 남자친구와 헤어졌던 날이라 했다.
눈물을 주룩주룩 흘리면서
웃기는 이야기를 써내고 있는 자신이 너무나 서글펐다고.

직장 생활을 하는 어떤 친구는
몸이 아파 병원에 입원해 있을 때도
회사에서 걸려 오는 전화는
받을 수밖에 없더란 말을 한 적이 있다.

또 어떤 만화가는 말했다.
어머님 상중에도 원고 독촉 전화는 걸려 오더라고.

산다는 것이
가끔은 참 힘에 겹다 느껴지는 순간이 있다.

난 정말 아무것도 하고 싶지 않은데….

다만,
마음껏 아파하고
마음껏 슬퍼하고
마음껏 울고 싶을 뿐인데….

그것조차 허락되지 않는 그런 순간, 그런 날.

빨간
멈춤 신호

요즘의 친구는 꽤 힘들어 보였다.

"드라이브, 드라이브. 내가 드라이브하고 싶어서 그래.
잠깐이라도 보자, 좀!"
싫다는 친구를 억지로 끌어내 함께 차를 타고 가는 길.
꽤 늦은 새벽 시간, 한적한 도로.
창문을 열어 둔 채 달리는 기분이 썩 나쁘지 않았다.

라디오에서 흘러나오는 음악 소리를 흥얼흥얼 따라 부르는 친구.
친구의 기분도 조금은 나아진 듯싶었다.

그런데 잠시 후
신호등 빨간 불에 잠시 멈추었을 때
힘없는 말투로 읊조리듯 친구는 말했다.

"꼭, 지금 내 상황 같다."

친구의 시선은 정면을 향하고 있었다.
깜깜한 도로.
그 위로, 우리 바로 앞에 있는 신호등부터
그다음 그다음, 그리고 저 멀리 있는 신호등까지 모두 멈춤.
연달아 빨간빛을 발하고 있었다.

운전을 하다 보면 그럴 때가 있다.
한번 빨간 등에 걸리면 계속 빨간 등, 빨간 등, 멈춤, 멈춤.

그런데 이렇게 내 앞에 보이는 모든 신호등이
동시에 모두 멈춤을 외치고 있는 장면은 나도 처음 보는 듯했다.

"꼭, 지금 내 상황 같다."
친구의 그 말 때문이었을까.
유난히 그 신호가 길게 느껴졌던 것.

하지만 신호등은 어김없이 약속된 시간이 지나자
일제히 파란 불로 바뀌었다.
서서히 우리의 차는 다시 움직이기 시작했다.
다시 창밖으로 시원한 바람이 불어오기 시작했고
다시 라디오에서 흘러나오는 음악을 흥얼흥얼 따라 부르는 친구.

우리의 삶도 그렇기만 하다면 좋을 텐데.
약속된 시간이 지나면
어김없이 다시 파란 불로 바뀌는 신호등.
우리의 삶도 그렇기만 하다면 참 좋을 텐데.

우리는 알고 있다.
아무리 구불구불 뒤엉켜 있는 미로에도 반드시 출구가 있고
아무리 비비 꼬인 어려운 수학 문제에도 반드시 정답이 있다는 것.
그래서 아무리 어렵고 힘들어도 아무리 답답하고 미칠 것 같아도
기를 쓰고 한 번쯤은 매달려 볼 수라도 있는 법.

그래서 더 어려운 걸지도 모르겠다.
출구가 과연 있긴 한 건지, 정답이 과연 있긴 한 건지,
빨간 멈춤 신호가 파란빛으로 바뀌는 날이 과연 있긴 한 건지.

그것조차 잘 모르겠는 우리의 삶이 그래서 더.
복잡한 미로보다도, 어려운 수학 문제보다도,
그래서 훨씬 더, 어려운 걸지도 모르겠다.

네가
사는 거지?

"선배가 사는 거죠?"

약속을 잡고 전화를 끊을 때 꼭 이런 후배가 있다.
그래도 그렇게 물어 오는 건 양반이다.
계산을 할 때면 내가 사는 게 너무나 당연하다는 듯
뒤에서 멀뚱멀뚱 바라보는 후배, 먼저 나가는 친구.
그런 얄미운 사람들도 있으니까.

근데 난 오히려 '그 후배'를 만날 때 마음이 더 불편하다.
신세 지는 걸 죽도록 싫어하는 후배.

술을 마실 때마다 반드시 나눠 내려 하고
오늘은 내가 사겠다 우겨서 계산을 마치고 나면
돌아가는 길 아무리 됐다고 해도 꼭 편의점에 들러
맥주 몇 병, 안주 몇 개라도 내 손에 쥐여 주는 후배.

둘 다 학생일 때야
서로 돈 없는 거 뻔히 아니까 그러나 보다 했지만
내가 조금씩 돈을 벌기 시작한 후에도
'좀처럼 얻어먹지 못하는 후배의 습성'은 변하지 않았다.

한번은 미처 선물을 준비하지 못한 채 후배네 집들이를 가는데
후배네 집 앞 슈퍼에서 딱 마주치고 말았다.
세제며 휴지, 과일 등 이것저것을 사고 있는 내게서
후배는 하나둘 물건들을 다시 내려놓았다.

"됐어요, 그냥 와도 되는데….
정 그러면 그냥 이거 휴지나 하나 사 줘요."
그러곤 제일 싼 휴지만 계산하게 하는 후배.
"선배도 힘들게 번 돈인데…. 아, 됐어요.
그리고 알잖아요. 나 뭐든 공짜로 받는 것에 익숙하지 않은 거."

한번은 후배를 나무란 적도 있다.
지나치게 상대를 배려하는 것도 기분 상하게 할 수 있다고.
지나치게 착한 것도 실은 착한 게 아니라고.
"선배, 나 착한 사람 아니에요.
굳이 따지자면 오히려 이기적인 사람이지."

신세를 지고 나면 마음이 불편하다고 했다.
어떡해서든 그 신세를 갚아야 한다는 생각,
받는 것이 없으면 줄 필요도 없단 생각이 들어
아무리 안 그래야지 노력해도
받는 것에는 좀처럼 익숙해지지 않더라는 후배.

"고마워."
이 한마디면 될 것을,
"뭘 이런 걸 다. 아, 됐어. 아, 왜 쓸데없이 이런 데 돈을 써."
나도 가끔은 그렇게 상대의 호의를 무색하게 했던 적이 있었던 것 같다.

상대에 대한 배려라 생각했던 그것이
어쩌면 그와 얽히고 싶지 않다는
이기적인 마음에서 비롯된 걸지도 모르는데….

잘 주는 일만큼, 잘 받는 일도 참 어렵단 생각이 든다.

물론 매번, "네가 사는 거지?"
이런 사람들도 여전히 참 얄밉긴 하지만.

언젠가는 터졌을 울음

"울어, 어서 울어! 이래도 안 울어?
어디 네가 이기나 내가 이기나 한번 해보자!"

그런 영화가 있다.
울음을 강요하는 듯한 영화.
난 사실 그런 영화를 볼 때면 눈물이 잘 안 난다.
어쩌다 찔끔 눈물을 흘린다 해도 영 개운치가 않다.
억울하고 찝찝하고 짜증나고 뭔가 당했다는 느낌이 든달까.

하지만 그런 나도 영화를 보며 울었던 적이 있다.
그것도 아주 펑펑.

갑작스러운 아내의 죽음.
하지만 남자는 울지 않았다.
어쩌면 울 여유 따윈 없었는지도 모른다.
남겨진 딸아이를 돌보는 것만으로도 벅찼던 남자.

사람들은 그의 눈치를 살폈다.
괜찮아? 정말 괜찮아? 도움이 필요하면 언제든 얘기해.
하지만 그는 오히려 그런 사람들의 관심이 귀찮다.
난 정말 괜찮은데, 다들 왜 그렇게 유난을 떠는 건지.

그러던 어느 날,
오랜만에 딸과 떨어져
혼자 밤길을 운전 중이던 남자의 얼굴이 갑자기 일그러진다.

그러곤 더 이상 운전을 할 수 없을 만큼 쏟아지는 눈물.
결국 차를 세우고 뛰쳐나와 남자는 운다.
길가에 앉아 미친 사람처럼 한참을 그렇게 운다.

그때였다.
내 눈에도 그렁그렁 눈물이 차오르기 시작한 것은.

한참을 울었던 것 같다.
다시 일상으로 돌아가 아무렇지 않게
딸과의 부산스러운 하루하루를 보내는 남자의 모습이
스크린에 비치는데도
주책없이 눈물이 계속 흘러 창피했던 기억.

그런데 그다지 기분이 나쁘진 않았다.
오히려 후련한 느낌.
오랫동안 내 마음 한편을 짓누르고 있던 무언가가 조금은 가벼워진 느낌.

어쩌면 나는
울음을 강요하는 듯한 그때의 내 상황이 짜증스러웠는지도 모르겠다.
그래서 애써 괜찮은 척.
이따위 일로 울지 않아, 고집을 피우고 있었던 건지도 모르겠다.

그렇게 괜찮은 척한다고
정말 괜찮아지는 건 아닌데
그렇게 울음을 참는다 해서
내 안의 아픔이 저절로 사라지는 게 아닌데도.

언젠가는 터졌을 울음.
그래서였나 보다.
극장을 나서는 내 발걸음이 조금은 가벼워졌던 이유.

흔해 빠진 사랑,
흔해 빠진 이별

어떤 소설에 이런 이야기가 나온다.
'사랑에 빠진 사람들은 모든 우연을 운명이라 착각하게 된다.'
정말 그런 것 같긴 하다.

"어, 그 노래 좋아하세요? 나도 그 노래 무지 좋아하는데?"
대한민국에 사는 사람이라면
누구나 한 번쯤 들어 봤을 만한 무지 유명한 노래.
그런 노래를 좋아하는 사람이 어디 한둘이겠나?
그럼에도 사랑에 빠진 사람들은
그게 무슨 대단한 공통점이라도 되는 양
역시 이 사람과 나는 운명이야, 생각하곤 한다.

"나도 어렸을 때 그 동네 살았는데?
와! 어쩌면 우리 옛날에 오다가다 마주쳤을 수도 있겠네요?"
그 동네에 살았던 사람이 어디 그들뿐이었겠나?

"정말요? 나도 그 감독 좋아해요. 그 감독 영화는 정말 다 봤는데!"
그렇게 유명하지 않은 영화감독이라 할지라도
그 감독을 좋아하는 사람이 어디 그들뿐이겠냔 말이다.

김밥에 들어간 오이를 싫어하는 사람.
카레에 들어간 당근을 싫어하는 사람.
요구르트는 밑면을 살짝 이로 뜯어내고
쪽쪽 빨아 먹어야 더 맛있다고 생각하는 사람.
맑은 날보단 비 오는 날을 더 좋아하는 사람.

지하철보단 버스를 더 좋아하는 사람.
문자나 이메일보단 손편지가 더 좋다고 말하는 사람이
어디 세상에 한둘이겠나?

어떻게 그것들이 우리 둘만의 특별한 공통점,
우리 둘을 '운명'이라 말해 주는 증거가 될 수 있겠냔 말이다.

하지만 그럼에도 사랑에 빠진 사람들은
그 모든 우연을 운명이라 착각하게 된다.

나 또한 그랬던 것 같다.
그랬던 상대이기에 헤어진 후 더 많이 아팠던 것도 사실.
세상 모든 이별 노래가 마치 내 이야기인 것만 같았던,
그래서 그 어떤 노래도 들을 수 없었던 시간들.

나 또한 남들 다 하는 그런 사랑을 했을 뿐이고
나 또한 남들 다 하는 그런 이별을 했을 뿐이라는 걸 깨닫게 된 건
그러고도 한참 후의 이야기.

세상 모든 이별 노래가 마치 내 이야기 같다는 것은
나 또한 결국은
그들과 같은 흔해 빠진 사랑, 흔해 빠진 이별을 했단 얘기일 텐데도
참 많이 아팠던 것 같다.

사랑에 빠진 모든 사람들이
모든 우연을 운명이라 착각하듯
그 누구나 겪는 흔해 빠진 이별일지라도
그것이 내 이야기가 됐을 때는
특별한 슬픔, 특별한 아픔, 특별한 힘듦으로 느껴질 수밖에 없는 거니까.

새하얀 세계지도

새하얀 세계지도를 벽에 붙여 놓고
지금까지 자신이 다녀온 나라를 색연필로 칠하는 친구가 있다.

돈이 있든 없든
밥을 굶어 가면서 틈만 나면 여행을 다니는 친구라
친구의 세계지도는 벌써 알록달록해졌겠지 싶었지만 그렇지 않았다.

아직도 새하얀 지도.
색연필로 칠해진 곳이 하도 드문드문이라 그냥 얼룩 같아 보일 정도였다.
"아직도 못 밟아 본 땅이 세상엔 이렇게 많다.
죽기 전에 다 밟아 볼 수 있으려나 몰라."
지도를 보며 친구가 했던 말.

어떤 소설엔
평생 책만 보며 사는 것이 꿈인 여자가 등장한다.
여자는 백수다.
최소한의 생필품과 책을 살 수 있는 돈을 벌기 위해 아르바이트만 할 뿐.
그 여자도 이렇게 말했던 것 같다.
"매일매일 책을 봐도 내가 보고 싶은 책들
죽기 전에 다 못 본다고."

얼마 전 또 다른 한 친구도 이런 말을 했던 기억이 난다.
"영화를 봤어.
국내엔 잘 알려지지 않은 작품인데 우연히 알게 돼서 보게 됐거든?
근데 그 영화 보고 나서 이런 생각이 들더라.

이렇게 좋은 영화를 못 보고 죽을 뻔했구나.
아니, 이렇게 좋은 영화가 있다는 것도 모르고 죽을 뻔했구나."

좋은 영화, 좋은 책, 좋은 여행지, 좋은 음악, 그리고 좋은 사람들까지.
세상엔 정말, 좋은 것들이 너무나 많은 모양이다.
아무리 부지런히 살아도 죽기 전에 다 만나 볼 수 없을 정도로.

서른 넘은 아저씨의 독백으로 시작하는
어떤 만화의 첫 장면이 떠오른다.

실컷 자고 일어나
깜깜한 밤하늘을 바라보며 아저씨는 갑자기 자신의 인생을 쭉 돌아본다.
그리고 깨닫는다.
자신의 인생을 잠, 잠, 잠으로 절반이나 허비해버렸음을.
갑자기 조급해져 온다.
'나는 지금까지 뭘 한 거지?'

나도 덩달아 조금 조급해져버렸다.
그 좋은 많은 것들을 만나 보지도 못하고
아니, 그렇게 좋은 것들이 세상에 있었단 것도 모르고
그냥 이대로 쭉 잠들어버리면 어떡하지.

정말 그렇게 된다면
너무 억울할 것 같아서.

약점

대학원에 다니는 후배 하나가 어느 날
풀이 잔뜩 죽은 목소리로 말했다.

"그냥 나 공부 포기할까 봐.
왠지 나 같은 애가 할 수 있는 공부가 아닌 것 같아."

후배가 말하는 '나 같은 애'란
공부에만 전념할 수 없는 자를 뜻한다.
후배는 돈도 벌어야 했다.

"하루 종일 공부만 하는 애들도 많은데
내가 걔들보다 뛰어나게 머리가 좋거나 재능이 있는 것도 아닌데
이렇게 공부해서 될까. 저들보다 더 좋은 성과를 낼 수 있을까.
요즘 계속 그런 생각이 들어."

이 비슷한 이야기를 다른 친구에게서도 들은 적이 있다.

소설가란 꿈이 있지만
당장의 생계는 해결해야 하기에 직장 생활을 하는 친구.
그 친구도 그런 이야기를 했다.

"하루 종일 붙들고 앉아 소설만 써도 힘들 것 같은데
난 그럴 수 없으니까.
내가 그냥 허황된 꿈을 꾸고 있는 건 아닌가 싶어."

어떤 말을 해 줘야 할지 몰라
나 또한 그저 한숨만 내쉬었던 기억.

그런데 오늘
후배와 친구에게 선물해 주고 싶은 만화책이 생겼다.
만화책 맨 뒤에 실려 있던 만화가의 인터뷰에 이런 이야기가 있었다.

'용감한 영웅을 그릴 때
주인공의 마음에 약점이 크면 클수록 그 용기가 크게 표현되죠.
처음부터 강한 사람은 어디까지나 강자일 뿐.
용감한 자가 될 수는 없다고 생각합니다.'

강자의 당연한 성공담을 그리는 만화는 없다.
대부분 눈물겨운 사투 끝에 이뤄낸 약자의 성공담이 만화의 소재가 된다.
그건 세상이 강자의 성공담보다는
약자의 성공담에 더 감동하기 때문 아닐까?

세상을 감동시킬 정도의 요란한 성공담은 아닐지라도
내 자신,
적어도 내 자신을 감동시킬 만큼의 성공담엔
어쩌면 지금 내 약점이 조금은 도움이 될지도 모른다.

그 약점에 내가 굴복해버리지만 않는다면.

그러니까 꿈이다

짝사랑하는 그녀와
우여곡절 끝에 이뤄져 드디어 첫 키스를 하려는 순간!?
꼭 깨고 만다.

네가 범인이지!?
드디어 범인을 잡아 얼굴을 확인하려는 순간!?
꼭 깨고 만다.

꿈은 꼭 그렇다.
끝을 보여 주지 않는다.
꼭 결정적 순간에 깨고 만다.

한번은 이런 꿈도 꾼 적이 있다.
범죄 스릴러 영화 같은 꿈이었는데
범인도 잡히고 모든 사건이 종결돼버린 거다.

그런데 꿈속에서도 나는 엉뚱하게 이런 생각을 했다.
'어, 끝난 거야? 이거 꿈인데?
원래 꿈은 끝이 없는 건데? 그럼 이제 어떻게 되는 거지?'

그런데 그 순간 내 꿈이 까맣게 변하더니
엔딩크레딧이 올라갔다.
그리고 엔딩크레딧이 끝나기 전에 나는 잠에서 깼다.
결국 또 중간에 깨버린 거다.

그래서 더 궁금해졌던 것 같다.
꿈은 왜 꼭 중간에 깨고 마는 걸까?
완결된 꿈은 왜 없는 걸까?

과학적으론 물론 여러 가지 학설이 있었다.
렘수면이 어쩌고, 휴지기가 어쩌고.
근데 그 많은 지식 검색 답변 중
내 눈에 들어온 아주 간결한 한 문장이 있었으니,

'그러니까 꿈이다.'

처음엔 그저 피식 웃음이 났다.
근데 조금 지나니 씁쓸해져 오는 마음.

그러니까, 꿈이다라….

참 어려운데.
꿈의 끝을 본다는 것, 꿈을 이룬다는 것.
현실에서도 참 어렵고 힘든 일인데….

가끔은 꿈에서라도 결말 좀 보여 주면 안 되나?
이런 생각이 들어서.

타로 카드
점

'아무 말 없이 가려고 했는데
그 타로 카드 점.
무슨 프로그램이 그렇게 잔인하냐?
어차피 장난으로 하는 건데
좋은 말 좀 해 주면 안 되는 거냐? 버럭!'

내 블로그에 친구가 남겨 놓은 글.

피식, 웃음이 났다.
며칠 전 인터넷을 하다
타로 점을 볼 수 있는 플래시가 있기에
내 블로그에 스크랩해 둔 거였는데 친구가 그걸 했던 모양이다.

친구도 처음엔
아무 생각 없이 시작 버튼을 눌렀단다.
소원을 적으라는 화면이 뜨자
장난 반으로 시작한 거였는데도 은근 긴장이 돼서
나름 간절함을 담아 소원을 적었단다.
그리고 패 섞기를 누른 다음 결과 보기를 클릭했는데,

'좋은 결과를 바라긴 힘들겠군요.'

갑자기 짜증이 밀려오더란다.
친구는 다시 처음부터 소원을 적고 점을 쳤다.
그런데 또 같은 결과.

굴하지 않고 또 소원을 적고 점을 쳤다.
그런데 이번엔,

'좀 더 노력하세요.
지금으로선 좋은 결과가 힘듭답니다.'

그렇게 몇 번이나 다시 점을 쳤지만
만족스러운 답을 얻지 못한 친구는
결국 흥분해서 내 블로그에 글을 남겼다.

'아무 말 없이 가려고 했는데
그 타로 카드 점.
무슨 프로그램이 그렇게 잔인하냐?'

대학을 졸업한 지도 벌써 3년이 넘어가는데
고시촌 생활은 끝날 기미가 보이지 않고
친구는 별거 아닌 일에도 자꾸 일희일비하게 된다고 했다.

이젠 포기해야 하는 건가
그래도 지금까지 해 온 게 너무 아까운데.
아니야, 더 늦으면 나이 때문에 취업도 힘들 거야.
하지만 이대로 포기하는 건 너무 슬프다고!

하루에도 몇 번씩 마음이 오락가락.
그래서 더 울컥했던 모양이다.
장난으로 시작한 그까짓 타로 점 하나도
내 맘대로 되지 않는 것이 울컥.

그런데 며칠 후
친구에게서 사진이 첨부된 문자가 왔다.
신문 구석 자리에 나와 있는 띠별 오늘의 운세 사진.

그곳엔 이렇게 적혀 있었다.

'당신이 할 수 없는 일은 아무것도 없다.'

그 문자를 보자마자
피식 웃음이 나면서도 마음이 짠해져 왔다.

지금 나한테 필요한 건 이거야.
토닥토닥, 넌 할 수 있어.
빈말이라도 좋다고! 난 지금 그런 얘기가 듣고 싶다고!

친구가 꼭 그렇게 말하고 있는 것만 같아서.

그리고 그런 빈말조차 못 해 준 내 블로그 타로 점 플래시가
마치 나인 듯만 싶어 미안해져서.

당신이 할 수 없는 일은
아무것도 없다

진심의
홍수

소년에겐
다른 사람의 이야기를 읽을 수 있는 능력이 있었다.

상대의 생각뿐 아니라
상대와의 가벼운 접촉 한 번으로도
그 사람이 살아온 과거까지 읽어낼 수 있는 능력.

상대가 사람이 아닐 경우에도 마찬가지였다.
벤치에 앉으면 그 벤치가 봤던 과거의 풍경들,
어떤 도로에 서 있으면 그 도로가 갖고 있는 과거의 기억들까지.
원치 않아도 보이는 그들의 이야기.

이 소설을 보면서
그런 능력을 부러워했던 과거의 내가 떠올랐다.

너의 진심은 뭘까?
너의 마음속으로 들어가 볼 수만 있다면.

하지만 지금의 나 역시 그 소년이 부럽냐 하면, 그건 아니다.
그런 능력자가 현실엔 존재하지 않는다는 것이
오히려 다행으로 여겨진다.

누군가 내 생각을, 내 과거를 속속들이 읽어내고 있다면?
생각만으로도 끔찍하니까.
그리고 내게 그런 능력이 있다 한들 행복할 것 같지 않다.

소설 속 소년도 행복하지 않았으니까.

겉으론 아무 문제없어 보이지만
사실은 죽도록 서로를 미워하고 있다는 것을
아들에게만 감추고 있는 부모님의 진심.
속으론 자신을 얕잡아 보고 욕하고 있는 친구의 진심.
키스하는 순간에도
여과 없이 들려오는 여자친구의 생각, 여자친구의 진심.

끊임없이 밀려오는 진심, 진심, 진심의 홍수를
소년은 감당할 수 없었으니까.

마지막 책장을 덮으며
나는 이런 생각을 했던 것 같다.

그런 능력 없이도 우린 이미
너무 많은 걸 듣고 있는지도 모른다는 생각.
너무 많은 걸 알고 있는지도 모른다는 생각.

내가 듣고 싶지 않은 진심,
내가 알고 싶지 않은 이야기까지도.

더 이상
새로운 이야기가 없다

"더 이상 새로운 이야기가 없다, 새로운 이야기가!"

아직도 소설가에 대한 미련을 버리지 못하고 있는 친구의 푸념.
자신이 쓰고 싶은 이야기들은 이미 다 있다는 거였다.

"요즘 고전들에 꽂혀서
옛날 소설들을 보고 있는데 볼수록 그런 생각이 들어.
몇백 년에 걸쳐 쌓이고 쌓인 이야기들이 이렇게나 많으니
이젠 패러디와 변주만 남았을 뿐
더 이상 새로운 이야기는 나올 수 없는 거 아닌가."

그 비슷한 이야기를
음악 하는 지인에게서도 들은 적이 있다.

그래 이거야!
갑자기 영감이 떠올라 멜로디를 만들었는데
"그런 멜로디 있잖아, 이미."
이런 적이 한두 번이 아니라고.
세상엔 이미 너무 많은 노래, 너무 많은 멜로디와 가사가 있으니까.

오죽하면
이런 글을 자신의 블로그에 적어 둔 뮤지션이 있겠는가.
'도레미파솔라시도 말고 뭐 없나? 대체 새로울 게 없네!'

"한 백 년만. 아니, 한 50년만 일찍 태어났어도 좋았을 텐데."

친구의 푸념에 나도 따라 고개를 끄덕끄덕.
꼭 음악 하는 사람들, 글 쓰는 사람들만 이런 생각을 하는 건 아닐 거다.

취업난에 허덕이며
10년만 일찍 태어났어도.
잘난 척하는 직장 선배를 보며
내가 5년만 일찍 태어났어도.
좋은 시절을 살았던 것만 같은 어른들을 보면서
나도 그 시절에 태어났더라면.

근데 얼마 전 이런 글을 봤다.
15세기에 살았던 천재 예술가 또한
자신의 노트에 이런 푸념을 남겼다는 글.

'나보다 먼저 태어난 사람들이
쓸모 있고 꼭 필요한 주제들을 이미 다 선점해버렸다.
따라서 나는 꼴찌로 도착해 원하는 것을 고를 수 없는
가엾은 사람처럼 행동할 수밖에 없다.'

역사에 길이 남을 예술품들을
수백 점 이상 남긴 그도 이런 이야기를 했다니!
우리보다 5백 년이나 먼저 태어난 그도 이런 이야기를 했다니!

결국 우린 다 똑같은 거다.
누구나 지금의 내 상황에 불만을 가진다.

다만 그와 우리의 차이는 이것뿐.

그래서 그 불만을 이겨내고
무엇을 했는가, 무엇을 이뤄냈는가.

뻥이요!

일요일 아침.
기필코 오늘은 늦잠이다 싶었던 나의 의지를 무너뜨린 소리.

"뻥이요!"

근데 참 이상했다.
모처럼의 늦잠을 깨운 그 소리가 미울 법도 한데
나도 모르게 발딱 일어나 창문을 열고 두리번두리번.

반가웠나 보다, 그 소리가.

서둘러 부엌을 뒤적뒤적.
한 바가지 가득 쌀을 담아 골목으로 나섰다.
저 멀리 보이는 파란 용달차.
그 소리가 반가웠던 사람이 나 외에도 꽤 많았나 보다.
용달차 앞에 이미 제법 모여 있는 사람들.

한참을 기다려야 했지만
그 시간이 별로 지루하지 않았다.

기계에 쌀이나 말린 옥수수를 넣고 기다린 다음
연기가 모락모락 피어오를 때쯤, 뻥이요!
아저씨는 우렁찬 목소리로 소리쳤다.

그러면 기계 입구에서

우수수수 하얀 뻥튀기들이 쏟아져 나온다.
그리고 사방으로 퍼져 나가는 따뜻하고 고소한 냄새.

그 냄새에
잊고 있던 또 하나의 냄새가 떠올랐다.
우리 할머니 냄새.

어린 시절의 나는
뻥튀기가 쏟아져 나오는 그 장면이
신기하고 재밌으면서도 무서웠나 보다.

아저씨가 뻥이요! 하고 외치면
할머니 치마폭으로 폭 안기곤 했던 나.
그러면 익숙한 할머니의 냄새와 더불어
잠시 후 고소하고 따뜻한 뻥튀기 냄새가 내 코를 자극했던 기억.

집에 가서 먹으면 될 것을
할머니 손을 잡고 집으로 돌아오는 길,
나는 언제나 참지 못하고
커다란 비닐봉지를 풀어 뻥튀기를 입안 가득 넣고 우물우물.
그때도 내 옆에선
희미하게 할머니의 냄새가 전해져 왔다.

새삼 냄새의 기억 또한
참 신비롭단 생각이 든다.

뻥튀기 냄새 하나가
내 코끝을 이렇게 찡하게 만들 수 있다니.

좋아하는 냄새

여자의 방을 가득 채우고 있는 책들을 보며 남자가 말했다.
"우와, 책이 굉장히 많네요? 이 책을 다 언제 봐요?"

하지만 이어진 여자의 대답은,
"안 봐요."

당황해 하는 남자를 보며 여자는 웃었다.
"헌책을 사다가 먼지를 닦고 햇빛에 잘 말린 다음 책장에 꽂아요.
그리고 가끔 꺼내서 냄새를 맡죠. 나는 그 책 냄새가 참 좋거든요."

어떤 영화 속 한 장면.

누구에게나 그런, 좋아하는 냄새 하나쯤은 있다.
우울할 때면 빨래를 한다는 친구가 있다.
작은 방에서 자취를 하고 있는 친구는
빨래를 해서 막 널었을 때
방 안 가득 퍼지는 은은한 섬유유연제 냄새가 좋다고 했다.
그래서 우울할수록 섬유유연제 양을 조금씩 더 늘린다고 했다.

갓 내린 커피 향만 맡으면 기분이 좋아진다는 사람도 있고
긴 머리 휘날리는 청순녀의 샴푸 냄새에 집착하는 남자도 있고
비 냄새를 좋아하는 사람이 있는가 하면
날 좋은 날, 바짝 마른 빨래에서 나는 햇볕 냄새가 좋다는 사람도 있다.
또 목욕탕 냄새, 수영장 냄새,
약간 소독약 섞인 그 냄새가 좋다는 친구도 있었고

어떤 만화가는 손톱을 막 자른 다음 꼭 손톱 밑 냄새를 맡는다고 했다.
자기는 그 냄새가 그렇게 좋을 수 없다며.

누구나 인정하는 좋은 냄새부터 약간은 마니아적인 취향까지.
어쨌든 누구에게나 좋아하는 냄새 하나쯤은 있을 것 같은데
나에게도 그런 냄새가 있었다.

아무리 우울해도 그 냄새만 맡으면 기분이 좋아졌다.
혼자 있을 때도 자꾸만 생각났다.
가끔은 정신 나간 사람처럼 혼자 피식피식 웃기도 했다.
그 사람, 그 사람의 냄새를 떠올리며.

꽤 오랜 시간 잊고 있었다.

그러던 어느 날, 무슨 기운 빠진 일이 있었던 걸까.
고개를 푹 숙인 채 엘리베이터에 올랐는데
엘리베이터 안에서 바로 그 냄새가 났다.
혹시? 나도 모르게 뒤를 돌아봤다.
하지만 이미 저만치 멀어져 가고 있는 누군가의 뒷모습은
그 사람이 아니었다.

다시 고개를 숙인 채 엘리베이터에 오른 나.

조금 슬픈 마음이 들었다.
그 사람이 보고 싶다거나 그립다거나 그런 건 아니었는데
그냥 조금 슬픈 마음이 들었다.

아무리 우울할 때도
이 냄새만으로 기분이 좋아지곤 했던 나인데
이젠 이 냄새가 나를 슬프게 한다는 사실이 조금,
그냥 조금 슬펐던 모양이다.

아무리 옆에서
'넌 그것밖에 안 돼, 그냥 포기해'라고 말한다 한들
반대로 '이대로 포기하지 마. 넌 할 수 있어'라고 말한다 한들
내 자신의 한계는 나만 알고 있다.

'난 결국 이것밖에 안 되는 건가, 여기까진 건가?'
나조차도 이런 생각이 들 때
그 한계를 넘을 수 있는 건 결국 믿음.
나에 대한 믿음, 자신감이다.

실패. 좌절.
이런 것들이 한두 번도 없는 삶은 아마 없을 거다.
자신감을 잃지 않고
그것들을 넘어서느냐, 넘어서지 못하느냐.

어쩌면
꿈을 이뤄내는 사람과 이뤄내지 못하는 사람의 차이는
그것뿐일지도 모른다.

한계를 넘을 수 있는 건 결국 나에 대한 믿음이다

다르다,
틀리다

'그 영화 2편 나왔대. 봤어?'
후배는 어느 날 친구에게서 이런 문자를 받았다.
아마도 그 문자는
그 영화를 보지 않았다면 자신과 함께 보자는 의미였을 거다.
그래서 후배는 이렇게 답장을 보냈다.
'아니. 안 봤는데 안 볼 거야.'

후배는 그 이야기를 하며 조금 흥분해 있었다.

"내가 분명 얘기했거든!
그 영화 1편 함께 보고 나왔을 때 재미없었다고!
중간에 심지어 졸았다고!"

하지만 그때 후배의 친구는 이렇게 말했단다.

"말도 안 돼! 거짓말! 어떻게 재미없을 수가 있어?
에이, 너 괜히 그러는 거지? 그치?"

그리고 2년 후,
그 영화의 2편이 나왔는데
그 친구는 다시 후배에게 보러 가자고 한 거다.
그러니까 2년 동안 그 친구는
그 영화가 재미없었다는 후배의 말이
진심이 아니었다고 생각한 거다.

그럴 수 있다.

내가 좋아하는 무언가를 상대는 별로라고 이야기했을 때
"에이, 네가 잘 몰라서 그래."

어떤 상황에 대해 상대가 나와 다른 의견을 내보였을 때
"아니야, 네가 잘 몰라서 그래."

그럴 수 있다.

그것에 대해
조금만 더 자세히 알면
조금만 더 깊이 생각해 보면
상대의 생각이 바뀔 거라고
상대의 마음이 바뀔 거라고
내 맘대로 단정하기.

우리가 흔히 범하는 실수 중 하나다.

다르다와 틀리다는 분명 다른 뜻임에도
"전에 봤던 거랑 틀린 건데?"
"이거, 저거랑 색깔이 틀린데?"
'다르다'를 사용해야 할 자리에 '틀리다'를 자주 사용하는 우리.

어쩌면 우린 무의식적으로
나와 다른 것은
일단 틀렸다고 생각하는지도 모른다.

그 생각이
틀렸다는 것도 모른 채.

눈 덮인
도시

소복소복.
건물들 위로, 도로 위로, 세워진 자동차들 위로,
하얀 눈이 쌓여 가고 있었다.

눈 내리는 겨울밤.
저 아래 눈을 얹고 달리는 손톱만 한 몇 대의 자동차들이
노란 헤드라이트 불빛에 의지해
엉금엉금 하얀 눈밭을 헤쳐 나가고 있었다.

깜깜한 밤, 하얀 눈.
그리고 노란 가로등 불빛과 자동차 헤드라이트 불빛.
그 선명한 색깔의 조화가 이상하게 비현실적인 느낌.
낯익은 도로, 낯익은 빌딩 숲.
이 모두가 마치 동화 속 풍경처럼 낯설게 느껴지던 순간.

그래서였던 것 같다.
눈을 얹고 달리는 손톱만 한 자동차들을 바라보며
나도 모르게 흘러나온 혼잣말.

"정말 장난감 같다."

계속되는 야근에 지쳐
잠시 회사 옥상을 찾았던 그날.

그리고 그 순간 떠오른 어떤 소설 속 이야기.

소년은 틈만 나면 그곳으로 구경을 간다.
장난감으로 만들어진 작은 도시가 있는 어느 빌딩 로비.
소년이 그곳에서 하는 일이라고는 오로지 구경뿐.
하지만 소년은 매일 그곳에 간다.
그리고 장난감 도시를 내려다보며 생각한다.

'이 구경에서 가장 마음에 드는 것은
이 모든 것들이 실제가 아닌 장난감이라는 것이다.
그래서 이 세상 속 사람들은 모두
고통받지도 않고 늙지도 않고 불행에 빠지지도 않는다는 것을
잘 알고 있다는 것이다.'

눈 덮인 도시.
그 도시를 내려다보며 나는 잠시 현실을 잊었던 걸까.
그 세상이 마치 장난감 도시처럼 느껴졌던 나.

불 켜진 빌딩.
저 어딘가에서는
누군가 오늘도 졸린 눈을 비비며 야근을 하고 있단 현실도.

저 엉금엉금 지나가는 자동차 안 사람들도 사실은
고된 하루의 끝,
지친 몸을 이끌고 내일 아침 출근길까지 걱정하며
힘겹게 눈길을 헤쳐 나가고 있단 현실도 모두 깜빡 잊은 채.

나는 그렇게 한참이나
눈 덮인 도시를 내려다보고 있었다.

기억. 한 컷

외롭지 않아야 하는
하루였다

외롭지 않아야 하는 하루였다.

일단 바빴다.
해야 할 일도 많았고 만나야 할 사람도 많았다.
그리고 모든 일이 별 탈 없이 다 잘 마무리됐다.

오늘따라 안부 전화도 제법 걸려 왔고
나에게 호감이 있는 듯한 누군가의 문자 메시지도 받았다.

저녁엔 친구들과의 술자리.
내가 무슨 짓을 저질러도 무조건 내 편 들어줄 친구들.
그런 친구들과 함께하는 술자리는 언제나 즐겁다.

집에 오는 길 피곤하긴 했지만 우울할 이유는 없었다.

나에게 호감을 갖고 있는 사람들.
무조건 내 편 들어주고 날 좋아해 주는 사람들.
그런 사람들에게 둘러싸여 있었던 하루였으니까.

그런데 왜 이럴까.
집으로 향하는 발걸음이 왜 이렇게 무거운 걸까.
혼자 걷는 이 길이 왜 이렇게 쓸쓸한 걸까.

주머니 속 휴대폰에 자꾸만 신경이 쓰인다.
아무런 진동이 느껴지지 않았는데도 자꾸만 꺼내서 보게 된다.

부재중 통화는 없는지.
나 몰래 도착한 문자는 없는지.

외롭지 않아야 하는 하루였는데.
분명 그런 하루였는데.

그래서였다.
언젠가 본 만화 속 한 장면이 떠올랐던 것은.

'너는 네가 좋아하는 사람에게서만 빼고
모든 사람에게서 사랑받는 존재가 되고 싶니,
아니면 네가 좋아하는 사람에게서만 사랑받는 존재가 되고 싶니?'

그리고 그때 왜 하필 내 이어폰에선
이 노래가 흘러나왔던 걸까?

'아무도 날 좋아하지 않아.'

그건 아닌데.
내게 호감을 갖고 있는 사람들,
무조건 내 편 들어주고 날 좋아해 주는 사람들이 이렇게나 많은데.

그런데도
아무도 날 좋아하지 않는 듯한 느낌.

사실은 단 한 사람,
그 사람만이 날 좋아하지 않는 건데.

쿠키 굽는 여자

명문대 법대를 졸업한 후 쿠키 굽는 일을 하고 있는 여자.
어떤 영화 속 주인공이다.

"어렸을 때 제가 우울해할 때면
엄마가 맛있는 쿠키를 구워 주시곤 했어요.
그리고 거짓말처럼 그 쿠키를 먹으면
전 항상 기분이 좋아지곤 했죠."

대학을 다닐 때
시험과 과제에 치여 우울해 보이는 친구들이 여자는 늘 안쓰러웠다.
그때 떠오른 엄마의 쿠키.
여자는 친구들을 위해 쿠키를 구워 가기 시작했다.

시간이 지날수록
여자의 쿠키를 찾는 친구들은 점점 늘어났고
그러니 여자는 점점 더 많은 쿠키를 구워야 했고
공부할 시간은 점점 사라져 갔다.

하지만 여자는
자신이 만든 쿠키를 먹으며
행복한 미소를 짓는 친구들을 보는 게 좋았다.
결국 여자는
대학을 중퇴하고 작은 쿠키 가게를 열게 된다.

"대학 입학시험 논술 주제가 이거였어요.

졸업 후 당신은 어떻게 세상을 더 좋게 바꿀 것인가.
그 답을 전, 대학을 중퇴하면서 깨닫게 된 거죠.
내가 세상을 좋게 바꾸려면 쿠키로 해야 한다는 답을."

단 한 사람이라도 내가 만든 쿠키를 먹으며 행복해한다면
나는 세상을 더 좋게 바꾸는 데 일조하고 있는 거라 말하는 여자.

여자에게 남들의 시선 따위는 중요치 않았다.
명문대 법대를 졸업해
남들 보기에 좋은 직장, 남들 보기에 부러운 삶.
그런 삶을 살았다 한들 지금보다 행복하진 않았을 거라 말하는 여자.

사실 그거면 되는 거 아닐까?

남들 보기엔 별로인 내 여자친구도
내 눈에만 예뻐 보이면 되는 거고
남들 보기엔 별 볼 일 없는 일이라도
내가 좋으면 되는 거고
남들 보기엔 정말 보잘 것 없는 나라 할지라도
내 마음에 드는 나라면 되는 거 아닐까?

사실 그것만도 충분히 어려우니까.

내 마음에 드는 나.
그런 나로 사는 것만도 충분히 어려운 일이니까.

두루마리
휴지

'인생은 두루마리 휴지 같은 거야.
처음엔 이걸 다 언제 쓰나 싶지만
중간을 넘어가면 언제 이렇게 줄었나 싶게 빨리 지나가지.'

꽤 오래전에 봤던 소설인데
화장실 두루마리 휴지를 바꿔 끼울 때마다 생각난다.

나이를 먹을수록 시간이 빠르게 지나간다는 의미의 비슷한 이야기들을
그 외에도 많이 들어 봤지만
그 '두루마리 휴지'처럼 적확한 비유를
나는 아직까지 본 적이 없다.

그래서일까.
어느새 딱딱한 봉만 남은 흉측한 두루마리 휴지의 잔재를 보고 있을 때면
가끔 이런 생각이 든다.
두루마리 휴지와 같은 것이 꼭 '시간'만은 아닌 것 같단 생각.

엄마가 보내 주시는 김치.
언제나 그 양이 어마어마해서
언제나 이걸 다 언제 먹어 싶지만
어느새 편의점에서 김치를 사고 있는 날 발견하게 되고.

꽤 긴 만화책이나 드라마.
이걸 다 언제 봐 싶지만
어느새 끝이 나, 이제 뭘 보지?

또 끝나지 않을 것만 같았던 나의 감정.
영원할 것만 같았던 사랑도 어느새 돌아보면
나도 모르게 싸늘히 식어 있곤 했으니까.

그리고 그런 느낌은
꼭 '좋은 것'들에서만 느껴진다.

맛있는 음식일수록 금세 바닥난 듯 느껴지고
재미있는 만화책이나 드라마일수록 금세 끝난 듯 느껴지고
뜨거운 사랑일수록 금세 식어버린 듯 느껴지고.

반대로
맛없는 음식은 먹어도 먹어도 안 줄어드는 것 같으니까.
재미없는 책은 읽어도 읽어도 끝나지 않으니까.
지루한 사랑은 1분이 1시간 같고, 1년이 10년처럼 느껴지니까.

'인생은 두루마리 휴지 같은 거야.
처음엔 이걸 다 언제 쓰나 싶지만
중간을 넘어가면 언제 이렇게 줄었나 싶게 빨리 지나가지.'

그렇다면 '두루마리 휴지'처럼 느껴지는 인생은
결국 '좋은 것' 아닐까?

힘들고 외롭고 괴롭기만 한 순간순간인 듯싶어도
어느새 나도 모르게 훌쩍훌쩍 흘러가 버린다는 것은
결국 '좋은 것'이기 때문 아닐까?

그런 거였으면 좋겠다.
인생은 결국 좋은 것.
삶은 역시 살아 볼 만한 좋은 것.
꼭, 그런 거였으면 좋겠다.

도움을 받다

이 책을 먼저 읽은 사람들

도움을 받다

책

고래 _ 천명관
관계 _ 안도현
굽은 거울 _ 안톤 체호프
내 슬픈 창녀들의 추억 _ 가브리엘 가르시아 마르케스
농장의 일요일 _ 천명관, 유쾌한 하녀 마리사
달걀 _ 오탁번, 1미터의 사랑
도전 무한지식 _ 전희주, 정재승
독고다이 _ 이기호
문학 교사 _ 안톤 체호프
바쇼의 하이쿠 기행 _ 마쓰오 바쇼
백수생활백서 _ 박주영
본드걸 미미양의 모험 _ 오현종
새벽 세 시 바람이 부나요 _ 다니엘 글라타우어
소설처럼 _ 다니엘 페나크
순례자 _ 파울로 코엘료
쓸쓸함보다 더 큰 힘이 어디 있으랴 _ 아쿠타가와 류노스케
얼굴 빨개지는 아이 _ 장 자끄 상뻬
용은 잠들다 _ 미야베 미유키
울 준비는 되어 있다 _ 에쿠니 가오리
잃어버린 우산들의 도시 _ 이적, 지문 사냥꾼
자기 앞의 생 _ 에밀 아자르
죽이러 갑니다 _ 가쿠타 미쓰요
퀴즈쇼 _ 김영하
키스하기 전에 우리가 하는 말들 _ 알랭 드 보통
풍금이 있던 자리 _ 신경숙

만화

17세의 나레이션 _ 강경옥
기생수 寄生獣 _ Hitoshi Iwaaki
삐리리~ 불어봐! 재규어 ピュ-と吹く!ジャガ- _ Kyosuke Usuta
소라닌 ソラニン _ Inio Asano
슬램덩크 Slam Dunk _ Inoue Takehiko
심해어 わにとかげぎす _ Minoru Furuya
이상하지 않은 나라 _ 강경옥, 강경옥 Special 단편집 이미지 퍼즐
현재진행형 _ 강경옥

드라마 & TV 애니메이션

그레이 아나토미 Grey's Anatomy
내 이름은 김삼순
노다메 칸타빌레 のだめカンタービレ
돌아온 시효경찰 歸ってきた時效警察
몽크 Monk
모래요정 바람돌이 おねがい!サミアどん
빅뱅이론 The Big Bang Theory
지붕 뚫고 하이킥

영화

거북이는 의외로 빨리 헤엄친다 龜は意外と速く泳ぐ, 2005 _ Satoshi Miki
금발의 초원 金髪の草原, 2000 _ Isshin Inudou
내 남자의 유통기한 The Fisherman And His Wife, 2005 _ Doris Dorrie
로큰롤 인생 Young@Heart, 2007 _ Stephen Walker
메가네 めがね, 2007 _ Naoko Ogigami
미스 리틀 선샤인 Little Miss Sunshine, 2006 _ Jonathan Dayton&Valerie Faris

박쥐, 2009 _ 박찬욱
사랑해, 파리 Paris, Je T'Aime, 2006
싸움, 2007 _ 한지승
소설보다 이상한 Stranger Than Fiction, 2006 _ Marc Forster
슬럼독 밀리언네어 Slumdog Millionaire, 2008 _ Danny Boyle
아내가 결혼했다, 2008 _ 정윤수
일 포스티노 Il Postino, 1994 _ Michael Radford
잘 알지도 못하면서, 2008 _ 홍상수
조용한 혼돈 Quiet Chaos, 2008 _ Antonio Luigi Grimaldi
카모메식당 かもめ食堂, 2006 _ Naoko Ogigami
포레스트 검프 Forrest Gump, 1994 _ Robert Zemeckis
허니와 클로버 ハチミツとクローバー, 2006 _ Masahiro Takada

노래

결국… 흔해 빠진 사랑 얘기 _ 윤상
귀향 _ 김동률
아무도, 아무것도 _ 조원선
입이 참 무거운 남자 _ 윤상
사랑일 뿐야 _ 김민우
Nobody Likes Me _ 이지형
The Sea 앨범 _ Corinne Bailey Rae

그림

생레미 병원의 정원 The garden of the asylum at Saint-Remy _ Vincent Van Gogh

이 책을
먼저 읽은 사람들

끊임없이 불안과 자격지심에 흔들리지만 결코 꿈을 놓지 않는 소년.
번번이 세상과 자신에게 실망하면서도 조심스레 희망을 되뇌는 소녀.
자꾸 미끄러지는 삶의 경사로를 오르며 적어 내려간 알싸한 청춘의 메모들.
이적(가수, 《지문 사냥꾼》 저자)

나와 전혀 다른 생각을 가진 사람들의 글이 신선했던 적이 있었다. 그러나 시간이 지날수록 나와 비슷한 생각을 갖고 있는 사람의 글, 그리고 바삐 살다 보면 무심히 지나치게 되는 일상의 소소한 느낌과 반성들을 일깨워 주는 글이 점점 더 마음에 와 닿는다. 그런 의미에서 강세형 작가의 '나는 아직, 어른이 되려면 멀었다'는 비단 그녀만의 이야기가 아니다. 우리가 여러 가지 핑계로 미루고 게으름 피우다 미처 적어 두지 못한 '우리'의 일기이다.
김동률

세형이의 글을 읽고 있노라면, 평범한 일상의 소소함 속에도 수많은 아기자기한 생각할 거리들이 넘쳐나고 있음을 알게 된다. 그 작은 조각조각들이 내 사랑을 응원하고 있고, 내 아픔을 나누어 덜어 주고 있으며, 내 고민에 고개 끄덕끄덕해 주고 있는 것 같다. 마음의 여유를 가지고 읽어야 한다. 그래야 안 틀리고 읽을 수 있다. 그래야 안 틀리고 살아갈 수 있다.
스윗소로우 인호진

확실히 그녀는
친절하거나 살가운 사람이라고 하긴 힘들다.
같이 방송을 하면서 제일 많이 듣는 말은
싫어, 안 돼, 하지 마, 별로야, 빨리해, 집에 가자 등등이 아닐까.

당연한 이유로
그녀의 글은 그녀를 닮아 있다.
느끼하거나 눅눅하지 않고
쓸데없이 착한 척을 하거나 순진한 척을 하지 않는다.
자기 할 말만 하고 휙 가버린다.

그런데 이상하게도
그렇게 휙 건넨 몇 마디가
내 지난 청춘의 어떤 순간에 닿아버린다.
그래 맞아,
그토록 단단하게 반짝거렸었지.

젠장,
오늘도 또 당해버렸다.
스윗소로우 송우진

음. 세형이는 세상을 너무 일찍, 그것도 많이 파악해버린,
그래서 내 맘대로 될 수 없는 많은 일도,
옳지 않아도 침묵하는 세상의 이치도 다 아는,
하지만 맘에 안 드는 건 안 드는 거라서 숨기지 못하고 툴툴대는
조금 특별한 '꼬마' 같다는 생각이 들었다.
그리고 그녀의 글 역시 그녀와 다르지 않아서 좋았고, 뭐 그랬다고.
스윗소로우 김영우

주의 산만한 내가 1년 넘게 라디오 DJ를 하면서 가장 많이 배우고 있다고 느끼는 건, 매끈한 진행 솜씨도 재치 있는 애드립도 아닌, '남의 이야기에 관심 가지기'인 것 같습니다. 그리고 이건 누구보다 강세형 작가에게서 많이 보고 느낍니다. 고기 먹을 때를 제외하곤 늘 뭔가가 불만인 것처럼 보이는 이 누나는, 사실 알고 보면 다른 사람들에게 관심이 참 많습니다. 그냥 흘려 넘기기 쉬운 작은 한마디 말에도 귀를 기울이고 맞장구치고, 굳이 쌍수 들고 반대하고 그러니까요.

심지어 방송 중에는 원고랑 사연들 정리하느라 정신없는 와중에도 내내 혼자서 구시렁거리며 DJ들 수다에 대꾸를 하고 있다지요. 가끔은 그렇게 방송 중이나 쉬는 시간에 별생각 없이 내뱉고 까먹은 시답잖은 일상 얘기들이, 며칠 후 제가 읽어야 할 〈어떤 하루〉의 소재가 되어 있곤 합니다. 그리고 그땐 이미 누구라도 가슴을 치며 공감할 수밖에 없는 우리 모두의 '내 이야기'가 되어 있지요.

이 책은 세형 누나가 가진 그 놀랍고 따뜻한 관심의 산물이라고 생각합니다. 두 시간 내내 신나게 깨방정을 떨고 슬슬 입이 아파 올 때쯤이면 여지없이 기대하게 되는 오늘의 〈어떤 하루〉. 그런 마음으로 청취자들의 작은 이야기 하나하나에 더 정성스레 귀 기울이려 노력하면서 하루하루 커 가고 있습니다만, 나도 아직 어른이 되려면 멀었다.

스윗소로우 성진환

하루를 마무리하는 새벽 시간.
늘 강세형, 이 사람의 이야기가 기다려졌다.
'나만 그런 게 아니구나, 다 그렇구나.' 소소한 공감.
'어 그럴 수도 있겠구나, 그렇구나.' 또 다른 시각.
제법 큰 힘이 되어 줬던 시간.
그래서 언제나 궁금하고 기다려졌던, 이 사람의 이야기.

테이

출근 후 습관처럼 꺼내 읽는 A4 두 장의 짧은 이야기.

실수투성이 서툰 사랑에 지쳐 떠났던 사랑도
타고난 게으름에 꾸깃꾸깃 버려진 꿈도
글자 사이사이에서 슬금슬금 나타나
고맙다며 괜찮다며 머리를 쓰다듬고 사라진다.

씨익, 정말 괜찮은 줄
하루 종일 웃을 수 있게 해 주는 이야기.
하지만 나도 모르게 시퍼런 멍이 되어 남아 있는
A4 두 장의 정말 길게 아픈 이야기.

소소한데 가슴이 먹먹해지고,
엉뚱한데 속내를 다 내보인 듯 부끄럽다.
따끔한 한마디는 부드럽고, 위로의 손길은 오히려 매섭다.
동갑인 그녀, 그래서 언제나 한 4년쯤 선배 같다.

박형주 PD (이적의 텐텐클럽, 스윗소로우의 텐텐클럽)

"다들 어떻게 견디고 있는지 궁금해."
어떤 소설 속 주인공의 말이다.
'쫓기고 고독하고 불안하고 두려운' 시절을 견디고 나면
기다리던 무언가가 찾아오긴 하는지,
차라리 인생의 끝에 청춘이 있다면 좋지 않을까…
질문을 던지는 주인공들을 보면서,
2007년의 밤들이 떠올랐다.

그렇게 고독하고 불안한 하루를
'어떻게든' 견뎌야 했던 외로운 청춘들이
밤 12시가 되면 라디오를 찾아 서로의 이야기를 나눴다.

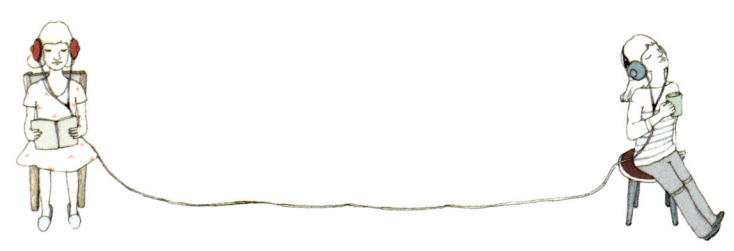

그들의 가슴 아프면서 짠하고
절절하면서 동시에 웃기기도 한 이야기 속에 담긴 섬세한 감정들을
제일 처음 '읽고' 그것을 잘 '엮어 주는' 역할을 했던 사람이
'테이의 뮤직아일랜드'가 존재했던 1년 동안은 강세형 작가였다.

눈물이 그렁그렁 맺힌 이들에게
무심한 듯 농담을 던져 웃게 만드는 역할을 주로 했던 그녀가
새벽 2시가 다가올 즈음
지친 어깨에 손을 얹듯, 차가운 손을 따뜻하게 잡아 주듯,
선물처럼 내놓았던 '청춘'에 대한 글들이 참 소중하다 못해 아까웠는데,
그 글들이 모여 한 권의 예쁜 책으로 다시 태어난다니,
아쉽게 막을 내린 프로그램의 시즌 2라도 만난 듯 기쁘다.

그녀의 글의 '첫 번째 독자'로서 누릴 수 있었던
'기대치 못했던 위로'와 '기대치 못했던 감동'을
이제는 '뮤직아일랜드'와 '텐텐클럽'을 몰랐던 독자들과도
함께 나눌 수 있다니 설렌다.

그녀의 글이 늘 지금처럼 젊고 따뜻했으면 좋겠다.
그 글을 읽고 듣는 이들이 청춘을 잘 견딜 수 있도록.
그리고, 청춘을 잘 기억할 수 있도록.

박정연 PD (테이의 뮤직아일랜드)